軟式ボールの社会学

近代スポーツの日本的解釈の可能性

三谷 舜

創元社

目　次

序　章　7

軟式ボールを取り巻く状況　7

スポーツ用具をめぐるポリティクス　10

スポーツ用具とスポーツの価値を軟式ボールから考える
　　　──近代スポーツを日本的に再解釈する　12

各章の概要　13

第1章　スポーツ文化の誕生を「興奮の探求」から読み解くことの可能性
──軟式スポーツを「スポータイゼーション」として位置づける試み　17

はじめに　17

第1節　スポータイゼーションとは何か
　　　　──スポーツの誕生からグローバル化へ　18

　　　　ノルベルト・エリアスのスポータイゼーション論　18

　　　　ジョセフ・マグワイヤのグローバルスポータイゼーション論　25

第2節　スポーツにおける興奮の探求──ルールの制定と暴力の抑制　31

　　　　近代スポーツにおける「興奮」と「模倣」　35

第3節　近代スポーツの原理とスポータイゼーション
　　　　──フィギュレーション社会学の理論的射程　36

　　　　スポータイゼーションの射程とサバイバル・ユニット　41

小　括　44

第2章 軟式スポーツの現状と課題
──スポーツ用具が持つ文化的意味の考察　47

はじめに　47

第1節　軟式スポーツを統括する中央競技団体の現状
　　　　──多様性と階層化をめぐる「闘争のアリーナ」　49

第2節　軟式スポーツの競技人口の推移と学校教育　52
　　　　中学校における軟式ボールによるスポーツ活動　54
　　　　高等学校における軟式ボールによるスポーツ活動　55

第3節　軟式スポーツのイメージ　57

小　括　61

第3章 軟式スポーツの文化はいかにして作られたのか
──スポーツ用具を取り巻く状況と歴史　63

はじめに　63

第1節　軟式ボール誕生小史──軟式スポーツの「出発点」　65
　　　　ソフトテニスボールの誕生　66
　　　　軟式野球ボールの誕生　68
　　　　ゴムソフトボールの誕生　71

第2節　戦後日本のスポーツと軟式野球　74
　　　　スポーツ用具の新聞が届けた「声」
　　　　　　──『日本運動具新報』とはどのような資料なのか　77
　　　　終戦直後のスポーツ用具──「統制」・「配給」と軟式ボール　78
　　　　資材の割り当てと軟式野球ボール　80
　　　　物品税減免運動とオリンピック招致の機運　84
　　　　軟式ボール消費の変化　86
　　　　軟式野球におけるレジャー化と高度化の様相　89

第3節　軟式スポーツの発展を「スポータイゼーション」として読む　92
　　　　新たなスポーツ文化を読み解くための「スポータイゼーション」　93
　　　　軟式スポーツにおける「正当性」をめぐる闘争　95

小　括　98

第4章 スポーツ用具とスポーツの「おもしろさ」の関係
──スポーツにおける「興奮の探求」に着目して 101

はじめに 101

第1節 スポーツ用具と技術の分類
──スポーツ手段とスポーツ技術の議論を導きに 105
金井淳二のスポーツ手段論におけるスポーツ用具の分類
──ツールとしてのスポーツ用具の分類 105
菅原禮らによる「スポーツ技術論」
──スポーツ用具を使うスキルの分類 108

第2節 テクノロジーがスポーツに与えた影響 112
記録の測定とテクノロジーの進化 112
スポーツにおけるテクノロジーの進化による
人間の機能主義的性質の拡大 113
スポーツ用具におけるテクノロジーとスキルの関係
──「スポーツ技術論」のポリティクス 116

第3節 現代のスポーツと用具の関係 118

小 括 121

第5章 軟式スポーツの今
──Baseball 5 という「オルタナティブ」なスポーツ文化 125

はじめに 125

第1節 スポーツの都市化とアーバンスポーツの登場
──持続可能なオリンピックムーブメントに向けた
競技の入れ替えの正当化 128
オリンピック競技を入れ替えるロジックとしての
「スポーツの都市化」 130

第2節 Baseball 5 とは何か？
──ベースボール型競技のアーバンスポーツ化 132
Baseball 5 はどこからきたのか？ 133
Baseball 5 のディティールと特徴 138

第 3 節　アーバンスポーツと「興奮の探求」
　　　── Baseball 5 の用具と環境　144
　　　興奮の探求と Baseball 5 の特性　146
小　括　149

終　章　151

注　161
あとがき　182
参考文献　187
索引　196

凡　例

・引用文等においては、旧字体の漢字・かなは新字体に改め、難読漢字等には新たにルビを振った。

・引用文中の改行、ふりがなは原則として省略した。

・英語文献からの引用はすべて筆者が翻訳したものである。

・年代表記は西暦の後に（　）で和暦を示した。

・参考文献は巻末に五十音順で掲載した。ただし、紙幅の都合上、書誌データの一部（複数の編著者名や頁数など）を割愛した箇所がある。

序　章

軟式ボールを取り巻く状況

　　軟式野球――一般の"野球好き"にとって、硬球を使う野球は"見せる"要素が濃いのに対して、こちらの方は、むしろ"他人の目"を無視してプレーに打ち込む、文字通り"参加するスポーツ"である[1]。

　これは1974年の『ベースボール・マガジン』に書かれた記事の冒頭である。この記事が示すように、一口に野球と言っても、硬式と軟式の2種類があり、それらは「見せる」硬式と「参加する」軟式のように、違ったイメージが存在している。それを示すように、1980年に「ラバー・ボールだから硬式より気分もミラクル」として軟式野球を特集した雑誌『スポーツノート』は以下のような記述で始まる。

　　目下、野球のファンはラクに3千万人はこえてしまった、といわれる。それほどベースボールは大人気。まして軟式となると硬式とちがって誰にでも楽しめるから、ファンはウナギのぼりだ。さらに軟式といえども本格的になってきて、ユニフォームばかりかバット、グラブといったものも、プロが選びぬいたプロモデルが続々と登場した。またグラウンドも、今までは草野球的イメージだったのが、プロ野球のメッカ人工芝の後楽園球場も一般に開放されたとあって、軟式野球もプロなみとなり、プレイヤーもちょっとしたスター気分でフィーバーしちゃっている[2]。

　ここから40年が経過した2021年、新型コロナウイルス感染症により1年の延期を経て開催された東京オリンピックでは、野球、ソフトボールのベースボール型競技2種目で、日本代表チームが金メダルを獲得した。2022年に

は、大谷翔平選手が日本人初、メジャーリーグでもベーブ・ルース以来104年ぶりとなる2桁勝利2桁本塁打を記録した。2023年には、ワールドベースボールクラシックにて日本代表が優勝するなど、ベースボール型競技に関する報道は日常的に人々の目に触れることが多い。つまり、ベースボール型競技は日本においてメジャーなスポーツであると言える。

2014年の夏、高校野球において延長50回に及ぶ「死闘」が4日に渡って繰り広げられた。その死闘は、全国高校軟式野球選手権大会の準決勝、崇徳高校（広島）対中京高校（岐阜）の試合だった。「もう1つの甲子園」とも言われる全国高校軟式野球選手権大会は、軟式ボールを使った高校野球の全国大会である。毎年夏に行われる硬式野球の全国大会「甲子園」[3]の規定では、引き分けの場合は再試合となる。一方、当時の全国高校軟式野球選手権大会は、9回を過ぎて同点の場合は決着がつくまで、継続試合として延長戦を行うこととなっていた。[4]

勝敗を決定するための方法として再試合か継続試合か、どちらが最適であるかという検討はさておき、この事例から、高校カテゴリにおける軟式野球

図0-1　2014年全国高校軟式野球選手権大会の準決勝、延長50回のスコア[5]

8

は実力が高い水準で極度に拮抗し、延長50回にまで及ぶという点で、非常に高度化している現状と見ることができる。この状況に対して社会学者の永井良和は、次のように述べる。

　劇的な大会が脚光を浴びたのとは対照的に、ふだんの軟式野球に対する世間の関心は、あまり大きいとは言えない。硬式野球こそが甲子園にいたる栄光の道であるとの思いが強すぎるせいか、それと比較される軟式は、損なイメージを引き受けさせられている[6]。

　永井良和が言う「損なイメージ」とは、「入門編」、「廉価版」、「硬式の下位互換」といった「チープなイメージ」のことを指すと考えられる。その一方で、永井良和の指摘の裏側には、軟式には「損なイメージ」に隠された「ポテンシャル」が潜んでいる、という意味が読み取れる。

　あえて言うなら、本書は永井が指摘する「裏側」、つまり、軟式に向けられる「損なイメージ」を覆し、軟式が持つ「ポテンシャル」を明らかにする試みであると言っても過言ではない。

　その試みのためには、「軟式」の名のもとで語られる様々なスポーツ実践（軟式野球、ソフトテニス、ソフトボール）を可能なものにし、成立させる上で、必要条件となっている軟式ボールに考察の焦点を当て、軟式ボールを用いて実施するスポーツ（以下、軟式スポーツ）を、新たなスポーツ文化の誕生という枠組みや、スポーツにおける技術論という視点から分析する必要がある。また、このような作業は、これまでの枠組みでは十分に議論することができなかった課題やアンチテーゼを提示する、つまり、新たなスポーツ文化を論じる視点の提示にもなりうると考えられる。

スポーツ用具をめぐるポリティクス

　このような作業が必要となる背景として、野球の「試合球」に関するとあるエピソードについて触れておきたい。それが、2013年に日本プロ野球（NPB）で発覚した「統一球」問題である。

　統一球問題とは、NPB主催試合において2011年シーズンより画一規格のミズノ社製のボールを全試合統一して使用することを決定したことによって発生した、一連の問題である[7]。最も問題になったのは、2013年シーズンにおいてであるが、どのような問題が発生したのか、その要点を整理しておきたい。

　2012年シーズンまでは投手優位の成績だったが、2013年シーズンが開幕するとその状況は一転し、打者成績が大幅に向上していた[8]。なぜ、このようなことが起こったのであろうか。実は、選手会やファンに説明なく、ボールの仕様がミズノ社とNPBによって変更されていたのである。NPBは、2013年シーズンで使用したボールは2012年シーズンまでのボールと同じであり、検

図0-2　NPBの2011年シーズンで使用された「統一球」[9]

証や見直しにも否定的な態度を取っていたが、このような事実が発覚することにより、元最高裁判事や特捜検事出身の弁護士などをメンバーとした第三者委員会が組織され、徹底的に調査されることになった[10]。

　このように、スポーツ用具をめぐる問題は、時に当該組織や集団を超え、社会における「ある一部の政治的な問題」となる可能性を孕んでいる。スポーツ社会学における「スポーツ用具をめぐる問題」に関する研究は、以前ではスポーツ技術論の範疇で展開されてきた。金井淳二（1986）[11]は、身体の動きをスポーツへと変換する手段として環境、用具、設備の分類を行った。

中村敏雄（1986）[12]は、棒高跳におけるポールや着地点のマットの材質変化が跳躍技術の変化を誘引したことを例に、用具の変容が、記録の価値を高めた結果、機能主義的な人間を作ることを指摘した。つまりこれらの研究は、どのような身体がどのようなパフォーマンスを行ったか、そのパフォーマンスはどのような意味を持つのか、パフォーマンスからどのような意味が棄却されたのか、ということを明らかにした。

　近年では、テクノロジーの進化によりスポーツに生じているイノベーションを読み解く文脈での研究がある。佐伯年詩雄（2003）[13]は、テクノロジーの進化が、スポーツに具体化された「スポーツ化身体」を作ると同時に、道徳・倫理的意味を伴った「スポーツ的身体」を棄却すると述べている。渡正（2007）[14]は、モータースポーツを事例に、近代スポーツの多くは、競技と産業・技術が外在的な問題として関連させられていることと比較して、モータースポーツは、競技と産業・技術が内在的な問題として抱えられていることを指摘している。そこから渡正（2013）は、障害者スポーツを例に、近代スポーツを超えて障害者スポーツが指し示す可能性を指摘した。それは「環境条件その他の人工物の統制された中での、人間主体による競争[15]」を変えることであり、その可能性は、「人工物とヒトとの新たな関係性を楽しむ[16]」ことができるし、「ありもしない「自然な身体」の幻想を追い求める[17]」近代スポーツに対して新たな視座を提供すると指摘する。山本敦久（2020）[18]は、現代のスポーツは規律訓練的主体から離れているという意味で、「「身体的主体性」をも失いかけている」と述べている。これは、身体とスポーツの関係が、「規律訓練」から「量的データによる制御」へと変化していることを指す。つまりこれらの研究は、テクノロジーの進化によりスポーツ用具に生じているイノベーションが、身体をいかに規定し身体観に変容をもたらすかということの議論を行っている。

　これらの先行研究は総合して、「身体」を入り口に研究を蓄積し、スポー

ツが持つ教育性（アスレティシズム）の検討、「おもしろさ」に注目したスポーツが持つ「興奮の探求（quest for excitement）」の検討、ひいてはスポーツすることによって人をどのように変えるかといった、スポーツと「社会化」について検討されている。

スポーツ用具とスポーツの価値を軟式ボールから考える
——近代スポーツを日本的に再解釈する

　前項で触れたスポーツにおける「身体」を検討する研究や「統一球」問題に代表されるスポーツ用具が政治的問題として立ち現れてくるような事象は、プロスポーツやトップアスリートのみに限られた話ではない。スポーツの大衆化、つまりレジャー化するスポーツという文脈においては、用具が文化としてのスポーツにどのように影響を与えているのか、用具の変容を生み出した社会的背景はどのようなものなのか、ということが問題となる。こういった問いを導きとして、スポーツと用具の関係を検討することで、スポーツの大衆化がどのように果たされたのかということを解き明かす一助となる。

　以上の先行研究を踏まえて、本書では、スポーツの構成要素である「用具」について、おもしろさや興奮といったスポーツが持つ内在的な価値にいかに関わっているのか、それらを人々がどのように受容し、発展させてきたのかということを明らかにすることを目的とする。

　この目的を達成するために、本書では「軟式ボール」に着目する。「軟式ボール」とは、野球、ソフトボール、テニスで使用されるボールの種類の1つである。野球、ソフトボール、テニスには欧米など元来から使用されている「硬式ボール」がもう1種類のボールとして存在する。硬式と軟式の両方を包含する協会があるという側面を受け、本書ではとりわけ、ベースボール型競技に着目して検討を中心に行う記述が多くなる。

　スポーツ用具の中でも、軟式ボールを取り上げる意義としては、以下のこ

とが考えられる。まず、硬式に比べて「導入」、「安価」といったイメージが強い軟式スポーツの実情を明らかにすること、次に野球、ソフトボール、テニスの研究では、ボールの違いに着目せず、半ば硬式を無前提に議論されたり、年齢による区分の結果、用具についての議論が後景化されてしまったりしているという問題を浮き彫りにすること、という点がある。先取りして議論の中身を紹介すると、軟式ボールの発明と普及は、「近代スポーツの日本的解釈」の発明と普及の系譜であると言えよう。ここで紹介した論点を明らかにしていくプロセスとして、以下に各章の概要を述べたい。

各章の概要

　第1章では、スポーツ用具の観点からスポーツを捉え返すことの可能性について、フィギュレーション社会学の主要な論者であるノルベルト・エリアス（Norbert Elias）の「スポータイゼーション」、「興奮の探求」という概念を軸にした議論、近代スポーツについての議論を参照し、検討を試みる。ここでは、まず「興奮」に着目して、スポーツによって得られる興奮が、現代社会において重要な気晴らしや衝動の代替を担っていることを確認する。それがスポーツとして整備され、全世界へ広まるプロセスをスポータイゼーションであるとエリアスは述べるが、それらを発展させたジョセフ・マグワイヤ（Joseph Maguire）は、選手、用具製造、メディア、協会・連盟の官僚的組織の関係する要素を見出し、グローバル化するスポータイゼーション・プロセスであるとした。軟式ボールの誕生や発展の系譜は、スポーツ文化として見ればスポータイゼーションにおけるスポーツの変革の1つであるが、グローバル化するスポータイゼーション・プロセスにおいては、近代スポーツの再解釈として、グローバルなものがローカルに解釈され、再びグローバル化していくものと考えられる。このように、スポーツ用具を社会学的に分析することで、新たなスポーツの誕生をいかに読み解いていくかという視座が獲得

序章　13

できると考えられる。

　第2章では、野球、テニス、ソフトボールといった軟式ボールを用いたスポーツ（軟式スポーツ）の競技人口やチーム数、官僚制組織の構造などの現状、軟式スポーツにもたらされる「イメージ」など、軟式スポーツの現状を確認する。軟式ボールによるスポーツは現在、学校体育や運動部活動で行われており、愛好家たちによる生涯スポーツとしても盛んである。加えて、全国大会が各種年代で開催され、高度なプレイが展開されている。対して、硬式ボールによるスポーツは、軟式ボールによるスポーツをスターターゲームとし、軟式ボールから硬式ボールへと移行するプレイヤーも一定数受け入れている。現在では物資も製造技術も充足しているが、軟式ボールによるスポーツがポピュラーなものとなっている状況は、軟式ボールが安価、安全というイメージを持っており、スターターゲームとしての確固たる位置を獲得しているからである。また、高度化した大会を整備し、軟式ボールにより国内でトップレベルを目指せるようにもなっている。このように、大衆化しつつ高度化を実現している部分に軟式ボールの独自性がある。その独自性により「興奮の探求」が生み出されるプロセスをエリアスのスポータイゼーションを援用し検討する。

　第3章では、軟式ボールの製造当初と現在の状況の差異がいつ生じているのかを明らかにするために、軟式ボールの出発点と戦後日本のスポーツにおいて軟式ボールが果たした役割について検討する。戦前の軟式ボール誕生史では、軟式ボールを製造する技術が未熟だったため、硬式ボールよりも軟式ボールの製造が盛んであった。その後、戦後社会における軟式野球は、GHQ（連合国軍最高司令官総司令部）による「民主的な野球」の促しなどの影響を受けながら変容しようとしていた。そのような中、「民主主義的レクリエーション」から、労働時間の画一化や週休2日制の検討などを受けた「福祉国家的スポーツ・レジャー政策」へと向かっていく中で生まれた「レ

ジャー管理」へと変わる社会において、軟式スポーツは大衆のスポーツとして「レジャー化」された側面も併せ持つようになった。

　第4章では、スポーツ用具と「おもしろさ」の関係をスポーツ技術論の議論に助けを借りながら、スポーツ用具とそれを用いる技術に着目して検討する。そこでは、以前からテクノロジーの進化によるスキルの向上に伴って、記録を追求する「機能主義的人間」への変容が指摘されていたが、近年のハイテクノロジーの趨勢（すうせい）が通信技術の進化により、身体がデータによる「制御」の対象になるという議論を整理する。だが、用具を使用する身体を自らの意識下に置こうとすることや、用具を使いこなそうとする葛藤がアスリートに内在しており、スポーツは用具と身体をめぐる「闘争のアリーナ」としても機能していることが明らかとなった。

　第5章では、大衆化と高度化の中にある軟式スポーツにおいて新たに誕生した競技「Baseball 5（ベースボールファイブ）」について、他のベースボール型競技や、アーバンスポーツとの関係・位置づけや今後の展開を検討する。この「Baseball 5」は、軟式ボールを使用したベースボール型競技のスターターゲームとして、世界野球ソフトボール連盟（WBSC）が作った新たなスポーツである。WBSCはこのスポーツを作るにあたって、国際オリンピック委員会（IOC）の唱える「スポーツの都市化」に則った「アーバンスポーツ」という考え方に沿っている。「Baseball 5」は2026年ダカール・ユースオリンピックに採用されることが決定している。この決定は、近年のオリンピックにおける競技の入れ替えを考えると、ベースボール型競技の競技人口が少ない国においては「Baseball 5」が種目として採用される可能性を示唆している。

　次章より、スポーツの構成要素である「用具」について、おもしろさや興奮といったスポーツが持つ内在的な価値にいかに関わっているのか、それらを人々がどのように受容し、発展させてきたのかということを明らかにする

序章　15

ことに向けて、軟式ボールを対象に検討を進めていきたい。

第1章　スポーツ文化の誕生を「興奮の探求」から読み解くことの可能性
──軟式スポーツを「スポータイゼーション」として位置づける試み

はじめに

　序章では、スポーツ用具を取り巻く状況やその政治性について触れた。そこでは、NPB（日本野球機構）における統一球問題を取り上げ、もはや実際にスポーツを実施する人々のみの問題ではなくなっているという背景や、全国高等学校軟式野球大会において、日を跨いだ4日間に及ぶ延長戦が実施され、「軟式」が高度化しているという状況を確認した。本書においては、「軟式ボール」と「軟式ボールを用いるスポーツ（軟式スポーツ）」に焦点を当てて議論を進めていくが、序章で触れたような状況に至るまでの過程をいかに読み解いていくのかという議論の枠組みが必要となる。

　そこで、本章においては、社会学者ノルベルト・エリアス（Norbelt Elias）が述べる「興奮の探求（quest for exitement）」について、スポーツにおける「興奮の探求」がなぜ世界的に広まったのかという問いを足がかりに、「スポータイゼーション」と近代スポーツの関わりについて論じる。ここから、軟式スポーツと近代スポーツの関係を照射する足がかりができるものと考える。この作業を通じて、本書の目的に掲げている「スポーツの構成要素である「用具」について、おもしろさや興奮といったスポーツが持つ内在的な価値にいかに関わっているのか、それらを人々がどのように受容し、発展させてきたのかということを明らかにする」というもののうち、「スポーツの構成要素である「用具」について、おもしろさや興奮といったスポーツが持つ

内在的な価値にいかに関わっているのか」ということを検証できよう。

　そのために、スポータイゼーションの提唱者であるエリアスの議論と、スポータイゼーションを積極的に用いてスポーツとそれを取り巻く社会を分析しているジョセフ・マグワイヤ（Joseph Maguire）の議論を中心に整理する。

第1節　スポータイゼーションとは何か
──スポーツの誕生からグローバル化へ

ノルベルト・エリアスのスポータイゼーション論

　本節では、ノルベルト・エリアスが、イギリスにおいて中世の遊戯がスポーツに転じたことを表現した「スポータイゼーション」に着目する。中世の遊戯のうち、球技の系譜に着目した松井良明によると、ヨーロッパにおける球技史の中で、「一番古くまで痕跡をたどれるのは「打球戯」の系譜」である。松井良明の「打球戯」という分類には、クリケットやテニスなども含まれている。その分類の中では、「スツールボール」と呼ばれる、クリケットや野球の前身の1つと考えられる競技について、以下のように述べられている。

　　スツールボールでは、必ずしもバットやスティックを用いる必要はなく、その意味では「ハンドボール」としての位置づけも可能な球技だったといえる。このことはいったい何を意味するのか。
　　スツールボールを始めとする一部の打球戯のスティックはあくまでも手の延長である。だから仮にスティックがなくても類似の球技を実施することが可能である。スティックの使用を認めるか、あるいは好むか否かは、それぞれの共同体ないしは社会の価値観が反映していた可能性が高いように思う。⁽¹⁾

松井良明は、球技において使用する用具をどう選ぶかということは、「それぞれの共同体ないしは社会の価値観が反映していた可能性が高い」と分析し、スポーツにおける用具と社会の関連を指摘した。このことは、エリアスのスポータイゼーションとも関連が深い。それについて、以下より見ていくことにする。

　まず、エリアスはスポータイゼーションを以下のように論じている。

　　スポーツの発展（…）がたまたま行動と感情の一般的な法則と同じ方向へ発展することが分かった。（…）イギリス社会において娯楽がスポーツへ変形したこと、およびそのいくつかをほとんど世界的な規模で輸出されたこと（…）それは「文明化の噴流」のもうひとつの例である。[2]

　このようにエリアスは、イギリスにおける娯楽からスポーツへの変化について、スポータイゼーションと説明した。そこに、文明化の過程のもとでの行動と感情の制限である点と、スポーツはイギリスから世界へと輸出されていった文化であるという共通点を見出した。さらに、エリアスはスポータイゼーションを探求するために、以下のように5つの問いを設定している。

　　主に19世紀と20世紀に、「スポーツ」と呼ばれるイギリス式の娯楽が世界的な余暇の規範を定めたという事実は何を説明するのだろうか（…）それがなぜ最初にイギリスで発生したのであろうか。イギリス社会の発展と構造のどのような特徴が「スポーツ」と呼ばれる特別な性質を備えた余暇活動をイギリスで発展させることになったのであろうか。これらの特徴は何なのか。そのような特徴を娯楽と初期の娯楽の違いはどこにあったのか。[3]

このように、近代スポーツがなぜイギリスで誕生したのか、それらと初期の娯楽との違いはどのようなものであるのかという問いを立てることから、エリアスのスポータイゼーションは出発している。この問いは、単にスポーツの誕生に関する単線的な歴史的経緯を明らかにするのみでなく、娯楽的文化の誕生と発展のプロセスを明らかにするために、スポーツと社会との関係に現れる諸相を分析するという、エリアスの『文明化の過程』で論じられた視座が含まれていると言える。それゆえに、エリアスが打ち立てたスポータイゼーションは、現代におけるスポーツや余暇活動を問うものとして、十分な議論をすることができるものであると考えられよう。この点を確認するためにも、スポータイゼーションに関する議論の根幹をなすエリアスの文明化論を紐解くことからはじめたい。

エリアスが議論し、導き出した分析は総合して「フィギュレーション（figration：編み合わせ、図柄）社会学」と呼ばれる。中でも、1939年に出版された主著である『文明化の過程』において、ヨーロッパの中世から近代以前のマナーや振る舞いの変化をマナーブックや当時の叙述をもとに分析している。『文明化の過程』においてエリアスは、「社会構造の長期的変形と、それに伴って生じる個人構造の長期的変形」について明らかにした。つまり、歴史的に社会の変化を観察することを通じ、その中に個人の変化を見出すのである。ここでの個人の変化とは、主に上流階級から大衆へと行動規範が波及することを指す。例えば、当時でも観察できた食事のマナーと社会の関連について、以下のような記述がある。

全く徐々にではあるが、17世紀のフランスの上流階級では、食事における肉の切り分けは、狩猟、剣術、舞踊といった、社交界の紳士に不可欠な能力ではなくなっていく。（…）
動物の肉の大きな塊が食卓に出され、そこで切り分けられるという風

習が、次第に廃れていったということは、多くの要因に基づいていることは全く確かである。その極めて重要な要因の一つは、家族単位がかなり小さくなっていく変動によって、家政が小規模になっていったことであろう。次に考えられるのは、機織り、紡績、屠殺といった製造と加工の仕事が家政から分離し、それらの仕事が一般的に手工業者、商人、製造業者といった専門家の手に移っていき、家政が本質的には一つの消費単位になってしまうことであろう(6)。

引用したエリアスの分析には、中世フランスの上流階級においてすでに、狩猟、剣術、舞踊などの上流階級文化から、以前は含まれていた「食事における肉の切り分け」が必要な能力ではなくなっていくことを背景に、それが20世紀においては、大衆の一般家庭においても観察されるようになったことを指摘する。大衆でもそれが観察されるようになる過程には、家庭内で担っていた仕事がそれを専門とする業者の登場により分業され、家庭で行っていた作業も外部化していったことがある。また、家庭における作業が外部化されることなどの社会的な変化と心情的な変化が関連していることにも言及している。

死んだ動物の体がぶら下がっている肉屋の店先を見ると不快感を感じるような「神経質な人々」や、また、多かれ少なかれ合理的に装った不快感のために、肉食そのものを拒否している人々もいる。しかしこれは、20世紀の文明化された社会の不快感の基準を超えて、不快感を感じる範囲を押し広げたものであり、そのため「異常」と見なされる(7)。

この説明では、死んだ動物の死体がぶら下がる肉屋と表現されているが、その動物は肉屋にとって「商品」であり、購入者である個人からすると、自

第1章　スポーツ文化の誕生を「興奮の探求」から読み解くことの可能性　　21

分がこの後に口にする食材なのである。その関係性において心情的な変化が観測される理由としては、家庭において、「肉を切り分ける」という作業が行われなくなった結果、口にする寸前の調理された肉と、精肉店の店先にあるまさに切り分けられる前の死んだ動物の間の関連性が想像されてしまうのである。それが、不快感を感じたり、「異常」と判断したりすることへとつながるのである。

　エリアスは、こうした心情的な変化と社会的変化の関連について、「一般的な社会的発展の過程におかれた時に、過去において基準の変化という結果になったのはこの種の押し広げであり、不快感をこのように押し広げることは、その方向においては従来通りの変動を続けていく」[8]ということに着目しなければならないとしている。つまり、心情における水準の変化は、家庭と社会における作業の分担範囲が変化することと密接に関連しており、その変動こそが文明化の分析において重要であることを指摘しているのである。

　こうした『文明化の過程』における、大衆が持つ習慣の変遷と社会の変遷の関連についての分析を踏まえ、エリアスは『スポーツと文明化』においてイギリスにおける娯楽のスポーツ化、つまり「スポータイゼーション」の分析へと至る。そこでも、娯楽がスポーツへと変容することは、「文明化の噴流」を示す一例であるとし、さらに踏み込んで、エリック・ダニング（Eric Danning）との共著『文明化の過程』では議論の対象としていなかった近代社会の分析を試みている。エリアスはここでも、社会の変容と娯楽からスポーツへの変容に関連性を見出すことになる。

　　スポーツの発展の研究をしてみると、それがたまたま行動と感情の一般的な法則と同じ方向へ発展することが分かった。中世の後期、あるいは近代の初期のボールを使った民衆競技と19世紀に出現したイギリスのフットボールのふたつの部門である、サッカーとラグビーを比較する

ならば、われわれは暴力に関する感受性がますます増大したことに気づく。[9]

　このように、エリアスは中世の遊戯として存在したフットボールと、現在われわれが想定できるサッカーやラグビーとの違いには、「暴力に関する感受性の増大」に影響を受けたルールや試合の開催方式の設定が観測できると説明する。

　エリアスは、暴力に関する感受性の増大に関しては、国家による暴力の規制や独占の観点からも検討を行っている。例えば、国家形成の過程において、軍人階級への厳しい規制や、騎士ないしは戦士的な貴族の廷臣化、つまり騎士や戦士が官僚へと変化するという状況が発生したことが挙げられる。これらは、軍隊や警察の整備と見ることができ、国家による暴力の規制や独占だと言える部分である。

　この暴力の規制や独占に関してエリアスは、「暴力独占が形成されると、そこに平和な地域、普通の状態では暴力行為など起こらない社会的な場が生じる」[10]と述べている。続けて、「こういう社会のなかでは個々の人間に働きかける強制は以前とは異なった種類のものである」[11]とする。この際の強制こそが、マナーや慣習であり、先の『文明化の過程』の例では「肉の切り分け」にあたる。

　人々に働きかける強制がマナーや慣習であることと同じように、娯楽のスポータイゼーションが起こる中で生じた規制は、つまりスポーツにおけるルールの形成であると言える。この点について、菊幸一（2010）は、「今日の「スポーツ」では、近代以前の「スポーツのように見えるもの」と比較すると、この暴力的要素が規則によって外から規制されるばかりでなく、プレイヤーの内面においてもこれを抑制することが求められる」ことがエリアスのスポータイゼーションであると述べている。[12]つまり、プレイヤーはルー

ルの遵守という観点での暴力の抑制に加えて、マナーやモラル、ともすると
アスリートとしての振る舞いという観点での暴力の抑制が求められる。そう
いった意味で、スポータイゼーションは様々な競技を超えて共通して見られ
るものであった。

　スポーツの競技会の実施や形式が整備されたことについても、エリアスは
スポータイゼーションの1つとして問いを立てている。エリアスは、スポー
ツという言葉の意味が拡大ないしは膨張し世界的に広まるとともに、スポー
ツのパフォーマンスを披露、競争する大会も世界的に広まっていったことを
以下のように説明する。

　「スポーツ」という言葉は現在多くの種類の競技大会を広く含めるため
　にしばしば大雑把に使われている。（…）もしわれわれが「スポーツ」に
　触れるならば、われわれは依然としてその言葉を、すべての社会の競技
　大会や肉体の鍛錬が当てはまるより広い意味、その言葉同様イギリスに
　起源があり、そこから他の国々に広がった特別な種類の競技大会が当て
　はまるより狭い意味での両方で無差別に使っている。この過程——もし
　それがいくぶん人目を引かないと思われるなら、競技大会の「スポータ
　イゼーション」と呼ぶこともできよう——は、かなり明らかな問題を指
　し示している。われわれが「スポーツ」と呼んでいるそれらの余暇活動
　の構造と組織の最近の発展のなかに、産業化の過程に触れる際に言及さ
　れる労働の構造と組織に存在している傾向と同じようにユニークな傾向
　が発見できるだろうか[13]。

　ここでもエリアスは、競技大会のスポータイゼーションについて、産業化
が進行する過程において見られる「労働の構造と組織に存在している傾向と
同じようにユニークな傾向」、つまり産業が近代化する中で経てきた、労働

時間と余暇時間という時間の捉え方の誕生や管理体制の成立との関連を示唆するのである。

　ここまで見たようにエリアスは、暴力の抑制と関連した娯楽がスポーツへと変化する過程としてのスポータイゼーション、競技大会の形式や方法が世界的に伝播するという意味でのスポータイゼーションなど、スポータイゼーションに関して様々な側面が見られることを明らかにしてきた。

　では、以下より、フィギュレーション社会学を用いてグローバリゼーションについての研究を行っている研究者の1人であるジョセフ・マグワイヤの議論を概観する。

ジョセフ・マグワイヤのグローバルスポータイゼーション論

　ジョセフ・マグワイヤは、イギリスのスポーツ社会学研究者の1人であり、フィギュレーション社会学を用いてスポーツとグローバリゼーションの関係を分析している。マグワイヤは著書である『Global Sport』において、「スポータイゼーション」を足がかりに、**図1-1**のように「グローバル・スポータイゼーション（global sportization）」の枠組みを打ち出している。

　マグワイヤは、現代のスポーツにおいて「周辺国から中心国へのスポーツ・タレントやコーチ、指導者の移住と集中、メディア化されたイメージ、スポーツ商品、スポーツと結合しているイデオロギーやハビトゥス、アイデンティティ[14]」という4つの側面が結びつき、グローバル・システムが構成されているとする。山下高行によると、このグローバル・システムにおける中心的な要素は、「メディアスポーツ複合体（media sport complex）と、それと密接に関わるスポーツ商品の生産・消費の世界的な連鎖の形成[15]」である。

　メディアスポーツ複合体について、デイビッド・ロウ（David Rowe）は、「今日の広範でダイナミックなスポーツ文化の創造に結びつく、あらゆるメディア、スポーツ組織、スポーツ過程、個人、サービス、商品、テクストを

第1章　スポーツ文化の誕生を「興奮の探求」から読み解くことの可能性　　25

包み込んだもの」[16]と定義する。そのメディアスポーツ複合体とは、インターネット、テレビ、新聞、ラジオなどのメディアと、ナイキやアディダス、アシックスなどのスポーツ用具メーカー、そして、競技管理団体であるIOC（国際オリンピック委員会）、各競技の中央競技団体（国際テニス連盟や世界野球ソフトボール連盟など）といった組織が作用し、形成しているスポーツの世界のことを指す。

メディアスポーツ複合体においては、選手の意思や思考、発信によりスポーツに影響を及ぼすものよりも、先に挙げたような組織や団体の権力関係により、様々なことが決定される。

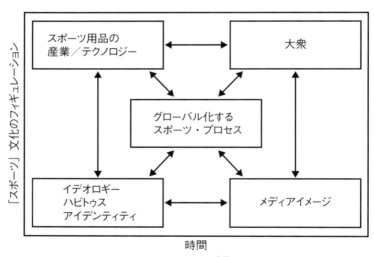

図1-1　グローバル化するスポーツにおけるフローチャート[17]

また、マグワイヤは、エリアスが唱えた「対照性の幅の縮小と変種の増大」という概念をスポータイゼーション・プロセスに援用し、**図1-2**のようにグローバルな場におけるスポーツの変化・変容プロセスを描写している。「対照性の幅の縮小と変種の増大」という概念は、エリアスの文明化論において重要な要素である。エリアスは「文明化が拡大するとともに、そのつど

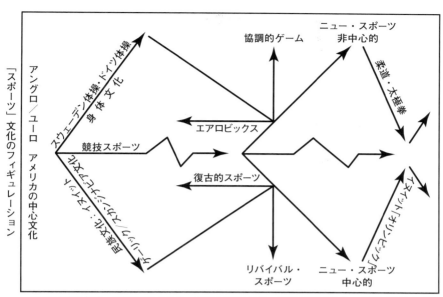

図1-2 グローバル化するスポーツプロセスに見る対照性の幅の縮小と変種の増大の予備的モデル[18]

上流にいるグループとそのつど下流にいるグループの間の行動の対照の幅は縮小し、文明化された行動様式の変種やニュアンスは増大する」[19]と述べる。つまり、貴族層ないしは支配層の行動様式が大衆ないしは被支配層に浸透・定着していくにしたがって、その行動様式にバリエーションが増大していく歴史的プロセスのことである。エリアスは、これらを『宮廷社会』におけるアンシャンレジーム期の社会分析や、文明化の過程におけるマナーやモラルの分析から解明した[20]。

マグワイヤは、この「対照性の幅の縮小と変種の増大」という枠組みについて、グローバリゼーションを主に研究するイギリスの社会学者、ローランド・ロバートソン（Roland Robertson）のグローバリゼーションを論じる中で提起した時代区分を援用し、新たな解釈を試みている。マグワイヤは、ロ

バートソンの時代区分を援用するにあたり、「ロバートソンはグローバリゼーション研究におけるプロセス社会学的なアプローチにとって、(時代区分の[21])重要で共感的な用い方を提供している[22]」と述べる。一方、ロバートソンは、『グローバリゼーション――地球文化の社会理論』において「ノルベルト・エリアスの仕事の現代のグローバリゼーションへの関心との一般的関連を考察し、パーソンズとの若干の比較」をし、「特にエリアスの仕事が、国家の形成とは相対的に区別される世界の形成にどの程度まで関連があるか、について考察する[23]」ことを主題として議論している。

　マグワイヤがロバートソンを参考に検討したスポーツの変容プロセスでは、1500年代から1870年代までを第1期と第2期とし、1870年代以降の第3期からグローバリゼーションが見られるとする。第3期以降のスポーツにおいては、「中心―半周辺―周辺」という関係を基盤とした権力的関係構造から生ずるスポーツの文化的作用、変化と伝播という変容とともに「残存する文化」ないしは「再解釈される文化」として、ドメスティックな運動文化の位置の変化(周辺化)についても言及している。図1-2においては、エアロビクスや復古的スポーツ[24]としてそれらが示されている。

　また、マグワイヤの2013年の著書『Reflections on Process Sociology and Sport: 'walking the line'』では、同じく「対照性の幅の縮小と変種の増大」というフレームを用いて、スポーツを通じた英国・イングランド(British-England)というイギリス特有の国家と地域の自治的な関係や、イングランド―オーストラリアという旧帝国―被植民地の関係を描いている。そこでは、先のものに加えて、ラグビーやサッカー(football)における「奴らの文化で奴らに勝つ」というメンタリティなどが、両国の首相のコメントから描写されている[25]。

　これらのようなマグワイヤの議論は、山下高行によると「固有の文脈に即した抵抗、再解釈と環流の過程として」見られ、「近代スポーツの普及過程

で、その西欧的形態やモデルが、抵抗なしに受け取られたと見えても、それは固有の文脈に基づいて再解釈され、維持促進されたのであり、そのまま受容されたわけではなく、また非西欧社会に固有の身体文化も消え去ったわけではないのであり、さらに西欧的形態が、この普及過程における相互作用においてどのような変容を被っていったかが重要になる」[26]としている。

　つまり、グローバリゼーションを背景にスポーツが伝播する中で、そこでは単純な受容がなされるのではなく、受容する側の文化による再解釈がなされる。言い換えると、スポーツの受容とは、受容する側が伝統的に持っている身体文化も保持され、時には相互作用的に変容するということである。

　マグワイヤのグローバリゼーション論の根底には、エリアスが唱える、「文明化に際する対照性の幅の縮小と変種の増大」という発想が用いられている。この「対照性の幅の縮小と変種の増大」には、「機能的民主化」という過程がある。それは上流階級が様々な機能を下の階級へと受け渡す、つまり上流階級が自ら行っていた作業を大衆の仕事とすることで、大衆と上流階級の生活が結びついていくことを指す。ここから、ヒト・モノ・情報・カネなど、様々な要素が世界的に混交している現代を形成しているのは、単に航空機の性能の発達やインターネットの発達、超境的なメディアの普及などといった移動・通信技術の発達のみでなく、「機能的民主化」の過程から生ずる、「対照性の幅の縮小と変種の増大」というメカニズムである。それにより、多様なアイデンティティの発生と相互依存の網の広がりを見ることができる。この相互依存の網の広がりこそが、グローバリゼーションの進行を支える文化の土台となるものであると考えられる。

　山下（2002）は、マグワイヤの描くスポータイゼーションに対して批判を行っているが、その要点は3点にまとめられる。1つ目は、「西洋、非西洋と言われる部分が何をさしているか」という点である。2つ目は、「近代国民国家形成以降の文化は、多くモダニティの諸要素と結合して、再編されて

第1章　スポーツ文化の誕生を「興奮の探求」から読み解くことの可能性　　29

おり、「固有の非西洋」というものを見出すのは極めて困難である」という点である。3つ目は、「マグワイヤの像が、地政学的なヘゲモニーの中軸の移動として描かれている点」だとしている[27]。では、上述のような批判を踏まえると、どのような機軸を打ち出すのが適切であろうか。以下に山下とヘニング・アイヒベルク（Henning Eichberg）が提示した解釈を紹介しておく。

　デンマークのスポーツ社会学者であるアイヒベルク（1991=1997）は、「スポータイゼーションはゲームの近代化のひとつの形式にすぎない」とし、他の近代化の形式として「機能主義的な教育学化と民族化」があるとする。中でも、民族化は近代化の「第三の道」であると指摘している[28]。それと関連して山下（2002）は、「日本の祭祀にみられる民衆娯楽の変化のように、土着の身体文化の近代的変化を、スポータイゼーション・プロセスとして近代社会の形成に必然的に伴う「文明化」された文化の再創造の過程として説明しうる[29]」としている。

　これらは新しい機軸を打ち出す足がかりとして非常に示唆的であると考えられる。なぜなら、マグワイヤが発展させたグローバリゼーションの視点でスポーツタイゼーション論に対する山下の指摘の2点目と3点目、「近代国民国家形成以降の文化は、多くモダニティの諸要素と結合して再編されており、「固有の非西洋」というものを見出すのは極めて困難である」ことと、「マグワイヤの像が、地政学的なヘゲモニーの中軸の移動として描かれている点」を乗り越えるために、アイヒベルクの「民族化」の発想や、山下高行の「土着の身体文化の近代的変化を、スポータイゼーション・プロセスとして」取り扱うことが必要であると考えられるからである。

　例えば、アダプテッドスポーツやエクストリームスポーツなどが社会に浸透していく過程では、生半可ではない怪我・傷害のリスクや、外傷により障害を悪化させる可能性を孕んでいるが、プレイヤーたちはそれを承知の上で／覚悟の上でそれらのスポーツを受け入れ、ルールに合意し、プレイしてい

る。しかしこれらのスポーツは、動きによって自らを表現したり、自分の身体に合った動きを行ったりして競技が行われる。その動きの中には、土着的なものや民族的なもの、身体の障害に起因するものなどが含まれる。そこには、リスクを冒すことと、そこで生じた負の結果を甘受する「自己責任」という社会に見られる発想のみではなく、「興奮の探求」という要素が含まれているのではないのであろうか。次節では、スポータイゼーションを解釈していく上でポイントとして挙げていた「興奮の探求」について見ていく。

第2節　スポーツにおける興奮の探求
──ルールの制定と暴力の抑制

　エリアスのスポーツ研究および、レジャー研究における主要な概念である「興奮の探求」について論じる前に、文明化論における暴力のコントロールについて言及しておかねばならない。先に文明化の過程において、国家による暴力の抑制があることに言及した。暴力の抑制ということについてエリアスは、「暴力行為の独占に伴って平和になった地域に生まれるのは、別のタイプの自己自制ないし自己抑制である[30]」とする。

　このような暴力の抑制と興奮の関係について、エリアスは『スポーツと文明化』において、以下のように示唆する。

　　わたしは、戦いとそれがもたらす楽しい興奮が、必要不可欠の補足物を、同じく生の必要不可欠の抑制に与えるということを好んで発見しようとは思わなかった。もしわたしがわたしの世界を自由に選んで良ければ、私はおそらく、人間同士も戦いが面白くて、楽しいと見なされるような世界を選ばなかったであろう。さらに、私はきっとこのようなことを学説として提案しなかったであろう[31]。

これは、スポーツも含めて人間同士の戦いによってもたらされる「興奮」が、「必要不可欠な補足物」であり、「生にとって必要不可欠な抑制」に影響することを示唆する。つまり、「興奮」を暴力以外のものから得ることで、個人に不足する「興奮」を補い、個人が自らをコントロールする「自律」をもたらすことに貢献するのである。エリアスは、さらに続けて、現代社会における興奮について以下のように述べる。

　　つまり、わたしが観察できる限りでは、セックスの楽しい興奮とは別に、他の種類の楽しい興奮も必要としていること、戦いの興奮がそのひとつであるということ、さらに、現代社会では、かなり高度なレベルの和解が達成されるときには、そのような問題が、模倣的戦いによって、つまり人間に対する傷害を最小限にくいとめることで楽しい戦いの興奮を生み出せるような想像上の状況のなかで楽しく演じられる戦いを供給することによって解決されているということをわたしは発見したのである。[32]

　ここで言う「かなり高度なレベルの和解」とは、「言語による和解や合意の形成」を指している。そこには、議会政治の成立や法律、条例の制定、産業化の進行、ルールの整備などが挙げられる。ここからエリアスは、イギリス社会における「文明化の過程」から、社会が「文明化」するプロセスと、娯楽がスポーツになるプロセスの間に関連を見出し、「スポータイゼーション」として定義づけるのである。[33]　そのことに関して、エリアスは以下のように述べる。

　　確かに産業化と都会化は、「スポーツ」の特徴を備えた自由時間活動の発展と普及において役割を果たしたが、産業化とスポータイゼーショ

ンの両者が、個々の成員にさらに多くの行動の規則性と分化を求める
ヨーロッパ社会のより深いところに存在している変化の徴候であったと
いうことも考えられる。（…）おそらく、ヨーロッパ大陸で娯楽のスポー
ツ的形態が即座に受け入れられたのは、より規則的で、より高度に統制
され、しかも肉体的暴力があまりない娯楽活動が社会一般でますます必
要になっていたことの現れであったのかもしれない[34]。

　ここからも読み取れるように、産業化が進行することで「自由時間」、つ
まり余暇時間が明確になり、スポーツはその時間を使って実施するものとし
て定着していったのである。エリアスはその背景として、「肉体的暴力があ
まりない娯楽活動」としてスポーツが求められたことを示した。つまり、暴
力がコントロールされている文化としてスポーツが認識されているというこ
とになる。市井吉興（2000）は、暴力のコントロールからスポータイゼー
ションを読み解く観点について、以下のように述べている。

　　近代スポーツの発展の中心的側面は、肉体的暴力の抑制という「文明
　化過程」である。また、スポーツと暴力との関係を研究する際に重要な
　ことは、暴力的な行為に直接参加したり、またそれを見たりすることに
　よって「喜び」を得ることに対して、人々は不快感を示すようになって
　いくが、一方では、「暴力」に対して一定の範囲のなかで「寛容になる」
　という傾向を示すということである[35]。

　市井の指摘から導かれることは、つまり、人間が社会のルールやモラルを
自分のものとして獲得していく条件の中に、暴力に寛容になるという作用が
含まれ、人間が暴力との関わり方として、感情を抑制しつつ解放すること
（controlled decontrolling of emotion）を求め、それを実践する条件が整うという

第1章　スポーツ文化の誕生を「興奮の探求」から読み解くことの可能性　　33

ことを意味する。

　さて、エリアスは興奮について、「それほど内省的なものではなく、先見の明や知識、さらに我々を取り巻いている苦悩や危険の抑圧的な重みからしばらく我々を解放してくれる能力に依存するものでもない。われわれは、人類の歴史を通じて、おそらく人生の規則性に反目してきたと思われるような自然発生的で基本的な興奮に関心を抱いているのである」とし、加えて「重大で、険悪な興奮を生み出す傾向が減少してきた社会では、遊戯的興奮の代償機能が増加してきた[36]」と述べている。

　ここから、エリアスが説明する興奮とは、あくまでも内在的で、自分自身の中にあることが確認できる。それが文明化に伴って、直接的な暴力の行使によって得られる興奮から、遊戯的で抑制された空間における暴力によって得られる興奮へと転換していったということを意味する。

　興奮の探求や暴力のコントロールにおいてエリアスがよく提示する例として、「狐狩り（fox hunting）」がある。エリアスは狐狩りについて、「この種の狩猟独特の性格を研究すれば、われわれは「スポーツ」という言葉が意味していたことをもっと良く理解できる」とし、「それはすばらしい競争であり、緊張であり、興奮で[37]」あったと評価している。その狐狩りの様式であるが、生業としての狩猟もしくは初期の娯楽としての狩猟は、人間が獲物を追い回し捕獲するという形のものであった。しかし、スポータイゼーションとして解釈される狐狩りは、狩猟行動を犬に委ね、人間の行動を制約しているが、ルールを制定することで狩猟によってもたらされる「興奮」を保持することを試みた。ダニング（1999=2004）は、「ルールや慣習の基本的な機能は、楽しい緊張――興奮の発生・延長・決定であった[38]」と説明するように、ルールにより人間の行動を制約した結果、狩猟行動は容易に目標達成、つまり、獲物を簡単に獲得することができるものではなくなった。だが、その苦労や手間こそが、狩猟をスポーツへと変容させ、それを楽しむことこそが「興奮

の探求」であると言える。

近代スポーツにおける「興奮」と「模倣」

　さて、エリアスが述べる興奮とは、近代スポーツにおいてどのように描かれているのであろうか。エリアスはそれを、サッカーを例に説明している。サッカーでは、「プレイヤーが制御された緊張状態のなか」に置かれ、その緊張は「均衡状態」にある。その対立した均衡状態とは、「2つのチーム間の緊張状態」や「個々のチームの内部」にあるものなどを例として挙げている。そして、これらは単に対抗的なものではなく、「2つのチーム間の緊張状態」という状況においてはルールを尊重し傷つけることのないように、「個々のチームの内部」という状況においては協力してチームに良い結果をもたらすようにという配慮や気遣いのようなものがあることを説明している。

　こういった興奮は、プレイヤーのみならず、観客にも内在するものである。エリアスは、狐狩りに関して「自分が狩りをすることから引き出される快楽は、だれかに狩りをさせるのを見る快楽に変わったのである[40]」としている。そこでは、自己による直接的な行為ではなく、「模倣（mimetic）」として自己を投影したり没入したりする。そうすることで、スポーツにおいて勝利することや目標を達成することそのものよりも、それに到達するプロセス、感情の高ぶりといった部分を感じ、楽しむような構造が生まれるのである。そしてその「模倣」の部分は、「興奮がなければ単調になってしまう日常の社会生活の流れのなかで、いわば、新しい「魂の元気回復」の機会を何度も提供してくれる[41]」という特質があるとエリアスは言う。

　この「模倣」がスポーツにおいて成立する構造には、ルールの規定による安全性の担保も同時に見出される。ダニングは、ボクシングにおけるグローブの採用が「文明化の意図」であったと指摘している。たしかに上述したように、産業化や都市化の進行とスポータイゼーションには、安全性の確保と

いう点で合致し、相関しているということを導くことができる。しかし、暴力のコントロールに関しては、産業化や都市化の進行を、言語による交渉、説得のゲーム、つまり暴力的行為により主張を通すのでなく、説得する手間をかけたゲームと捉えると、狩猟における手間を増やし、それを楽しむという構造も産業社会のゲーム化と同様に考えられるのではないか。

菊（2010）は、先でも見たように「今日の「スポーツ」では、近代以前の「スポーツのように見えるもの」と比較すると、この暴力的な要素が規則によって外から規制されるばかりでなく、プレイヤーの内面においてもこれを抑制することが求められる」と述べているが、「プレイヤーの内面における抑制」がルールの遵守やモラルの尊重のみならず、直接的行為を避け手間を増やした部分であり、興奮を生み出すものと読み解くことができるだろう[42]。現代では、スポーツの内部においても模倣による「興奮の探求」が見られる。それは、第4章で触れる、スポーツ用具によるトップアスリートの模倣でもあり、本書のテーマである軟式ボールを用いたスポーツのような他の競技の模倣である。これらのことを捉えるために、次節では近代スポーツを読み解くための様々な理論の関係性を概観する。

第3節　近代スポーツの原理とスポータイゼーション
——フィギュレーション社会学の理論的射程

本章は、軟式スポーツが誕生し、普及していくようなスポーツ現象を解釈するために、スポーツ用具と「興奮の探求」の関係についての理論的枠組みを整理することを目指している。その際、本章で意図することは、改めてスポーツの誕生と発展を捉える理論的な視座を獲得することであり、その手がかりとしてエリアスのスポータイゼーションに注目してきた。エリアスのスポータイゼーションの特徴は、これまでの身体的な活動が近代スポーツとなることをスポーツ固有の発展として捉えなかった点にある。つまり、エリア

スは前近代社会と近代社会との「切断」に注目し、近代社会を成立させる権力構造と力学を把握することを通じて、近代スポーツの誕生と発展を捉えようとした。もちろん、エリアスのみが前近代社会と近代社会との「切断」に注目し、近代スポーツの誕生と発展を捉えようとしたわけではない。例えば、アレン・グットマン（Allen Guttmann）が『スポーツと現代アメリカ』において示した「近代スポーツの指標」は、エリアスの視点を共有していると言えよう。

　グットマンの近代スポーツの指標とは、①世俗化、②平等化、③官僚化、④専門化、⑤合理化、⑥数量化、⑦記録万能主義の7つである。これらは、先に挙げたエクストリームスポーツやアダプテッドスポーツにも当てはまる。これらのスポーツは、宗教はもとより、国籍や人種を越えて参加できる。アダプテッドスポーツは、障害者と健常者がともにプレイできるという理念のもとに行われている。そして、それぞれが競技ごとの中央競技団体に管理されているケースがほとんどである。また、競技の参与者はそれぞれに与えられたタスクや目標、役割を果たすことに特化している。また、どちらのスポーツにおいても、速さや技の難易度による点数、ゴール数などでもって選

① 世俗化	宗教的な儀礼からの解放
② 平等化	参加機会と競技条件が性別、人種、宗教、階級などに左右されない
③ 官僚化	地域 - 国家 - 世界と高度に組織化された競技の統括組織の形成
④ 専門化	多種目化、ポジション制、監督、コーチなどの分業
⑤ 合理化	ルールや設備の標準化、トレーニングの科学化
⑥ 数量化	時間、空間、記録の詳細な数値による定量化
⑦ 記録万能主義	詳細な数値により定量化された記録による競争

表1-1　アレン・グットマンによる近代スポーツの指標[43]

第1章　スポーツ文化の誕生を「興奮の探求」から読み解くことの可能性　　37

手のパフォーマンスを可視化し、勝敗を決することになる。これらは、グットマンの近代スポーツの指標が近代スポーツの共通点を説明していると考えられる。

　また、これらの指標は近代スポーツの自律性を担保する要素にもなっている。なぜなら、③官僚化や④専門化、⑥数量化、⑦記録万能主義といった指標の内実は、それぞれのスポーツに固有のものだからである。例えば④専門化であれば、ポジションや役割といったものはスポーツの競技や種目によって異なる。⑥数量化であれば、野球においてはホームベースを踏んだ回数を得点とし、バスケットボールにおいては、ゴール数にシュートを放った際の位置を関係させて得点を計算している。⑦記録万能主義であれば、⑥数量化により算出した記録をもとに結果を出している。近代スポーツにおいて、それらの固有性を担保しているのはルールである。そのルールの制定・変更・撤廃に関わっているのは中央競技団体であり、そのルールにおいては、スコアや成績による勝敗の決め方を定義している。そこでは、その競技に携わってきた人々が参加し、決定する。そして、そのルールの範疇で勝利を目指すために効果的なプレイの訓練を、選手ごとに役割を決めて行うことになる。こういったメカニズムにおいて、行っているスポーツ競技の専門性は高まることになる。それは、自律性の担保を強化していると捉えられる。つまり、それを促す要因としてグットマンが挙げている近代スポーツの指標のうち、④専門化、⑤合理化、⑥数量化、⑦記録万能主義が機能していると考えられるのである。

　しかし、グットマンの議論には、スポーツにおける主体の観点が不足していると言える。スポーツにおける主体とは、プレイヤーのことである。以下より、スポーツの主体による現象としての自律性について、ジョン・ハーグリーブス（John Hargreaves）の議論を検討する。

　スポーツや文化における政治、権力構造を研究しているイギリスのスポー

ツ社会学者のハーグリーブスは、『スポーツ・権力・文化』において、「スポーツの自律性（Sport Autonomy）」という節を設けている。その中で近代スポーツの特徴について6つの点を挙げている。それらは山下（2010）の整理によると、「プレーの要素」、「ルールにより高度に構造化されるプレー」、「競技性」、「演劇的表現の要素」、「儀礼的実践の要素」、「身体とその表象性[44]」である。これらは、上述した狐狩りにも当てはまるだろうし、もちろん今日実施されている近代スポーツも持ち合わせている要素である。

　ハーグリーブスはこれら6つの点から、肉体が社会闘争の場となり、「スポーツが、その闘争（肉体の統制をめぐる戦い[45]）によって生じる主要な闘技場の1つである[46]」と述べる。また、そこから「スポーツがますます新たな時代の要求によって生まれてくる統制形態に関与する[47]」と述べる。この「新たな時代の要求によって生まれてくる統制形態」とは、産業革命以後のイギリス社会において資本主義的で事大主義的な統制形態が必要とされなくなった際に見られたものである。山下（2010）は、ハーグリーブスは2つの軸を観点として用いたとしている。1つは、「分断と統合を通してブルジョア・ヘゲモニーの権力ネットワークに労働者階級やその他従属集団が取り込まれていく過程、という軸[48]」であり、2つは、「スポーツを、生きられた経験と接合した、意味体系の組織的な生産と再生産に密接な関連を持つ活動、制度、過程として捉える[49]」というものである。この2つの軸から、「1950年代を大きな歴史的画期」とする「消費社会と私人化のメルクマール」による、「消費文化とメディアが私人化した人々を、スポーツという共通文化を通して、新たに構築した価値ネットワークを吸い上げ、権力ネットワークに組み込んでいく[50]」というメカニズムを見出した。これが「新たな時代の要求によって生まれてくる統制形態」において人々がヘゲモニックにコントロールされる部分である。

　この「新たな時代の要求によって生まれてくる統制形態」に対する批判的

な考察こそが、本章で主張するスポータイゼーション論が含まれるべき部分であると考えられる。なぜなら、メディアスポーツの登場やライフスタイルスポーツ[51]の台頭が示すように、スポーツそれ自身とスポーツを取り巻く環境は、時代の変遷の中において、人々の要求や受容の形態の変化という形で変容を遂げているからである。つまり、時代の変遷におけるそれらの変容は、上述したエリアスの「対照性の幅の縮小と変種の増大」により説明できる。たしかに現代では、スポーツは大衆化し参加の裾野が広がっている。しかし、スポーツへの参加のパターンは、総合型地域スポーツクラブから市民マラソン、インターネットや有線放送による海外中継の視聴、ボランティアへの参与や募金活動など、参加様式が多様化している。つまり「変種の増大」が指摘できよう。スポーツにおける「変種の増大」を支え、誕生したものを維持し、さらに改良し普及していくプロセスは、まさしくスポータイゼーションである。

　また、スポータイゼーションの原動力とは、スポーツを取り巻くメディアやスポンサーなどの存在、つまり外在的な要因のみではない。それ以上に新たなスポーツを求め実行していく仕組みは、「おもしろさ」というスポーツに内在的な要因に依拠し、プレイヤーたち自身が感じて、体現する「おもしろさ」の下に起こすムーヴメントから生じるものではないだろうか。まさしく、エリアスのスポータイゼーションとは、ハーグリーブスが指摘した「新たな時代の要求によって生まれてくる統制形態」を相対化し、批判的に乗り越えようとする試みとも言えよう。言い換えると、スポーツは資本主義的システムの下に人々を権力へと向かわせる作用を持っているが、同時に興奮の探求や変種の増大のように、スポーツはそれをする人々に内在的な部分で資本主義的システムに対抗的に活動する試みであると言える。

　ここまで読み解いてきたハーグリーブスの議論を踏まえ、以下では再度エリアスの議論を参照し、スポータイゼーションを発展させていく試みに向け

た論点整理を示したい。

スポータイゼーションの射程とサバイバル・ユニット

　ハーグリーブスが指摘する「新たな時代の要求によって生まれてくる統制形態」について、エリアスの議論であれば、関係構造の網の目で考察することができる。エリアス（1987=2000）は、『諸個人の社会』の中で、人間同士の関係構造において、「相互作用」の関係を述べ、家族や企業などのつながりを「サバイバル・ユニット」として捉えている。エリアスは、その相互作用の関係をビリヤードにたとえて以下のように説明している。

　　今日、人間の関係はビリヤードの球の間の関係と類似的に考えられることが多い。（…）それらの球はいわゆる「相互作用」を次から次へと展開する。しかしながら、人間の出会いで生じる関係構造のある「ネットワーク形成の現象」は、物体のそうした「相互作用」とは、つまり純粋に加法的な相互間の作用とは別のものである。[52]

　この相互作用とは、もちろん良い作用が全てではない。悪影響が出る作用や、抵抗的な作用など、様々な作用が存在し、「ネットワーク形成の現象」を起こしている。つまりエリアスは、相互作用を人間関係における単純な足し算としてではなく、互いに動き合い、影響を及ぼしつつ、どちらにも変化を与えうるものとして捉えている。

　また、エリアスは「サバイバル・ユニット」について以下のように説明する。

　　伝統的な良心の形成、家族、氏族──要するに、近い遠いを問わず親族集団──という伝統的な残存・単位（サバイバル・ユニット）への結び

第1章　スポーツ文化の誕生を「興奮の探求」から読み解くことの可能性　41

つきの慣例的な倫理観は、より暮らし向きのよいその構成員に遠い親族が援助を求めてきたときに、その援助を拒否しないことを命じる。[53]

　エリアスは、サバイバル・ユニットを古くは部族や国家といったものを人間が生存していく上で必要な単位として捉えた。そこから進んで、「今日、決定的な残存単位（サバイバル・ユニット）として人類を語ることはまさしく現実的である[54]」と述べ、サバイバル・ユニットが時代に応じて変化することも示唆している。

　この点をスポーツ文化の分析に応用してみると、スポーツにおいては、チームや地区、その競技全体をサバイバル・ユニットとして見ることができる。具体的には、個人にとってチームはスポーツをする上で必要な集団である。チームにとっては地区、リーグは試合のために必要な単位である。そして地区、リーグはその競技において全体を構成する要素であり、必要なものである。そういった捉え方をするならば、スポーツにおいては、チームや地区、その競技全体をサバイバル・ユニットとして見ることができると言えよう。そして、その内部においては相互作用が展開されている。つまり、チーム内で技術を競い切磋琢磨するという相互作用は当然ながら、地区内や競技全体においては、公式試合を行うことや、その場面において勝利を目指すために努力を重ね、それによりプレーの質を担保することというような相互作用の成果が生み出されている。

　それだけではなく、異なったスポーツ同士が相互作用を与えていると考えることもできる。例えば、トレーニングの一環として他の競技・種目に取り組んだり、進学によって競技・種目を転向したりすることがある。そして、その相互作用は、異なったスポーツにおいても似たような動作や能力を求める状況を生じさせる場合があり、そういった場合では競技同士を対抗的な関係に位置させることもある。その際には異なった競技の技術を共通化させる

ような作用が生じることとなる。言い換えると、この場合の相互作用はスポーツ競技における「正当性をめぐる闘争」と見ることもできるのではないだろうか。

　例えば、ソフトテニスと硬式テニスの場合では、中央競技団体がボールの種類ごとに存在し、それぞれで独自に大会を運営している。そこでは、それぞれの競技で高度化が図られている。コートの形状や用具は似ていて、技術も共通点が多いものの、当然ながらに差異はあり、技術もそれぞれで独自のものが存在する。そのことが「ソフトテニスらしさ」、「硬式テニスらしさ」という正当性を主張するきっかけとなり、プレイヤーたちが進学や就職といった時間の経過や地理的移動の中で、時には競技を移行しながら、どちらが正当なテニスなるスポーツであるかをめぐって闘争を起こすこととなる。

　エリアスは、そのような相互作用の部分に「フィギュレーション（Figuration）」を見出している。そしてそのフィギュレーションは、坂なつこ（2004）によると「社会構造と諸個人の情感の変化をとらえ、それらが織り成す社会を「フィギュレーション（Figuration）」として捉える」ものとしており、「エリアスのフレームは、複雑化し重層化する現代社会とスポーツとの関連を捉える、重要な枠組みを提示しうる[55]」ものとして説明されている。また、デイビッド・ジェリー（David Jary）とジョン・ホーン（John Horne）（1995）は、フィギュレーション主義的アプローチが「近代社会内の「スポータイゼーション」過程に関する豊かな歴史的、社会学的説明[56]」を可能にするという成果を挙げているとした。また、市井（2016）は「エリアスとダニングによるスポーツ研究は、社会的諸関係から「スポーツ」の位置づけを構成し、その視点から「スポーツ」そのものを問うことで「スポーツの相対的自律性」を明らかにすることと同時に、社会の編成秩序のダイナミズムの分析を志向していた[57]」と述べる。

　ここで思い出したいのは、エリアスがスポータイゼーションについて立て

た問いである、近代スポーツがなぜイギリスで誕生したのか、それらと初期の娯楽との違いはどのようなものであるのかというものだ。ここには、単にスポーツの誕生に関する単線的な歴史的経緯を明らかにするのみでなく、娯楽的文化の誕生と発展のプロセスを明らかにするために、スポーツと社会との関係に現れる諸相を分析するという意味がある。この問いこそ、「社会的諸関係から「スポーツ」の位置づけを構成し、その視点から「スポーツ」そのものを問う[58]」たものである。加えて、スポータイゼーションを単なる現象としてではなく、アイヒベルクが言う「民族化」や山下高行が唱える「土着の身体文化の近代的変化を、スポータイゼーション・プロセス」、つまり「過程」として取り扱うことの根幹として、常に問い続ける必要がある。

　また、スポーツ用具の進化によるトップアスリートのスキルが「レジャー化」することや、軟式スポーツが「おもしろさ」のもとにレジャー化することは、まさにこの「スポータイゼーション・プロセス」の只中にあると言える。

小括

　本章の「はじめに」で、「スポーツにおける「興奮の探求」がなぜ世界的に広まったのかという問いを足がかりに、「スポータイゼーション」と近代スポーツの関わりについて論じる」と目的づけ、「ここから、軟式スポーツと近代スポーツの関係が照射できる」とその作業の射程を述べた。具体的な議論としては、新たな枠組みを形成するために、エリアスの「スポータイゼーション」を、エリアスが概念として打ち出したサバイバル・ユニットや関係構造と、グットマンの近代スポーツの指標、ハーグリーブスのスポーツの自律性を用いて再考した。その結果として、スポータイゼーションには近代スポーツの持つ資本主義的性格を理解しつつも乗り越え、新しいスポーツ実践からスポーツを問い直す可能性を持つことが確認できた。

また、ここまでスポーツ分析に向けて、プレイヤーに内在する「興奮の探求」をポイントに議論を展開した。そのことは、スポーツをする側の論理ないしプレイヤー目線で考える[59]ということであった。それは、高度化するスポーツに対する「プレイ論」といったある種「努力目標」ないし「合い言葉」のようなものや、競技スポーツに対する「トロプス[60]」や「ゆるスポーツ」、「ライフスタイルスポーツ」などといった近代スポーツを解体するような形の抵抗とは異なったアプローチとなった。それは、近代スポーツによりプレイヤーがスポーツをせざるを得ない、ないしは参加不参加などの意思決定がプレイヤー自身から離れ、プレイヤー以外で構成されるスポーツの「世界」に独占されてしまっているといった、まさしくスポーツから疎外されてしまうという現象を、プレイヤーに内在する興奮の探求という点から批判するということであった。

　これまでスポーツは、「スポーツ目的論」と「スポーツ手段論」という枠組みで検討されてきた側面を持つ。スポーツ目的論とは、スポーツをすることそれ自体を目的とすること、例えば、ランニングが好きだから走る、サッカーが楽しいからするというものである。スポーツ手段論とは、スポーツにより何らかの目標を達成すること、例えば、スポーツをすることで健康な生活を送る、スポーツによって地域を振興するというものである。実際、スポーツは「スポーツ目的論」と「スポーツ手段論」の間を揺らぎながら相互作用として展開される。この「スポーツ目的論」と「スポーツ手段論」について、中西純司（2012）は、「現代社会においては、スポーツ手段論が支配的であり、それに対する批判も多々指摘されているように感じる」とした上で、「こうした２つのスポーツ観の是非論を問うよりも、むしろ、「不易流行」のように、スポーツ目的論を「不易」としてあくまでも重視し、スポーツ手段論は「流行」として副次的・付随的に取り入れながら、２つのバランス関係を維持・形成していくことがきわめて重要である[61]」と述べる。

第1章　スポーツ文化の誕生を「興奮の探求」から読み解くことの可能性　　45

スポーツは今や、プレイヤー、メディア、国家、競技団体などの様々な要素により展開されている。そこにおいては、スポーツは誰のものであるのか、何のためにあるのかというように、存在や意味が多様化しており、現代においてはどのファクターもそれ自身ではスポーツを形成できなくなっている。やはり、スポーツにおいて必要不可欠な要素とは、まず何より選手であり、選手にとってはチームであり、チームにとっては相手チームであり、チームの集合体はリーグであり、それらを管轄するのは競技団体である。それらは、スポーツをするための、またスポーツを持続させるための、そしてスポーツをより良くするための集団として、その性質や内部の動体、また外圧による影響や社会への影響を分析する必要があるだろう。そういった、現在のスポーツについてプレイヤー自身で決定できる部分が減少しているという状況を検討する時こそ、エリアスの問いである、近代スポーツがなぜイギリスで誕生したのか、それらと初期の娯楽との違いはどのようなものであるのかという問いを思い出したい。その問いから、現代的なスポーツ現象がなぜ日本で受容されているのか、それらと近代スポーツとの違いはどのようなものであるのかという問いを立て直し、検討する必要がある。その問いを解き明かす一助として、軟式スポーツがもたらした「おもしろさ」の発見による「レジャー化」が位置づけられよう。

　次章では、野球、テニス、ソフトボールといった軟式スポーツの競技人口やチーム数、中央競技団体の構造など、競技の置かれている現状に焦点を当てる。その検討を通じて、軟式ボールと軟式スポーツが持つ論点を明らかにする。

第2章　軟式スポーツの現状と課題
──スポーツ用具が持つ文化的意味の考察

はじめに

　第1章では、新たなスポーツ文化の誕生を読み解く視座の検討として、エリアスの「スポータイゼーション」、「興奮の探求（quest for excitement）」という概念を軸に、フィギュレーション社会学に関する議論、近代スポーツについての議論を参照し、検討を試みた。それは、本書でテーマとしている「軟式ボールを用いたスポーツ（軟式スポーツ）」を新たなスポーツ文化として捉え、分析するための試論であった。

　そこで、本章では、スポーツの競技で使用される軟式ボールに着目して、主に現在の競技環境の展開や競技人口の状況を整理することで、軟式ボールが硬式ボールを用いるスポーツに与えたインパクトを抽出することを目的とする。ここで使用する軟式ボールという語には、テニスで使用されるソフトテニスボール、野球で使用される軟式野球ボール、ソフトボールで使用されるゴムソフトボールが含まれる。はじめに、軟式ボールを取り巻く競技の構造や今日的課題を浮き彫りにする。

　2021年に開催された東京オリンピックでは、日本で人気のある「野球・ソフトボール」が競技として復活し、野球、ソフトボールともに日本代表が金メダルを獲得した。他にも、伝統的な日本の格闘技である「空手」、さらに「サーフィン」、「スポーツクライミング」、「スケートボード」、「BMX」、「フリースタイル」、「バスケットボール3 on 3」といった新たなスポーツとしてのアーバンスポーツなど、2021年東京オリンピックでは多様な競技が行われた。

「野球・ソフトボール」競技においては、前者は日本野球機構（NPB）、後者は日本ソフトボール協会（JSA）が主となり強化を行っているが、オリンピック種目ではない軟式野球やゴムソフトボール[1]（軟式ソフトボール）もメダル獲得を目指して人材育成のために機能しようとしている。たしかに、ソフトボールはゴム、革（硬式）ともに日本ソフトボール協会の管轄となっているので、女子プレイヤーが抱く最終目標としてオリンピックを目指すということは容易に考えられる。さらには、軟式野球を管轄する全日本軟式野球連盟は、「2020年東京オリンピック以降の野球競技のオリンピック正式競技復活は、軟式野球界においても将来のトップアスリートである現在の小中学生たちのためのミッション[2]」であると見据えていることからも、野球、ソフトボール界を挙げてメダル獲得を目指して高度化が図られていることがわかる。つまり、高度化を目指すことは硬式、軟式を問わずベースボール型競技に対して課されたミッションであると捉えられる。しかし、ベースボール型競技の高度化に軟式野球はどのように関わっていけるのであろうか。軟式スポーツに対する社会的なイメージとして、永井良和は次のように述べる。

　　軟式など「本格的」ではないという、きょくたんな意見を持つ人もいる。（…）国際的な大会の規模や頻度、勝者が手にする報酬や名声。これらの観点で比較すると、軟式種目は硬式種目にはおよばない[3]。

　このイメージは先に触れた「ミッション」と照らし合わせると、硬式の「導入」としての位置づけを受け入れて、軟式野球としての立場を確保しようとしているとも読み取れる。だが、序章で触れたように、非常に拮抗した高度なレベルでの試合が展開されている現状も存在し、その現状は1つの切り口では説明しづらいものとなっている。
　そのような状況において、軟式野球という競技を焦点化した研究は、長久

保由治ら（2012）による各都道府県で軟式野球を統括する協会の構造に着目したものや、田中亮太郎（1993、1994）が、明治・大正期および大正・昭和期における軟式野球の誕生・発達過程を検討したものがある。田中は、「明治維新後、西欧文化を積極的に取り入れようとした社会的思想が、近代スポーツ普及・発展の基盤と」なり「日本の土壌に即した野球として、軟式野球が誕生した」と、硬式野球を再解釈した文化として軟式野球を位置づけている。また、昭和期には「見るスポーツ」から「するスポーツ」へと国民の関心が移るにあたって、「スポーツ活動の大衆化への軟式野球の功績は大き」かったと述べている。

　こうした研究の蓄積がある中で、功刀俊雄（2019、2020）は「少年野球用ゴムボール誕生史の諸問題」と題して、軟式野球の歴史においてボールの歴史が誤認されている点をつぶさに指摘している。このように、軟式野球という競技に着目した研究は蓄積があるものの、軟式ボールという用具に着目して明らかにされていることはまだ非常に少なく、論点も十分に整理されているとは言えない状況にある。

　以下に、多様な現状を抱える軟式スポーツについて、中央競技団体の構造や競技人口の整理を通じて、社会的なイメージの構築を照射することを試みる。そこから、軟式スポーツを社会学的に検討するための論点を明らかにしたい。

第1節　軟式スポーツを統括する中央競技団体の現状
──多様性と階層化をめぐる「闘争のアリーナ」

　ここでは、軟式ボールを取り巻く現状について整理する。軟式ボールを用いる競技は主に義務教育における運動部活動で盛んであるが、今日では軟式スポーツは世代を問わず取り組まれており、生涯スポーツ推進に一役買っている。その状況を整理するために、本節では野球、ソフトボール、テニスを

管理、統括する競技団体の構造を確認したい。内容に入る前に、スポーツにおける競技団体に関する概念的は検討を紹介しておく。

　第1章でも言及した、スポーツ社会学者であるアレン・グットマン（Allen Guttmann）は「近代スポーツの指標」において「官僚化（bureaucratization）」としてスポーツにおける競技団体の成立を近代スポーツの特性として説明した。グットマンは近代スポーツにおける「官僚化」について、「近代スポーツは通常、聖職者の秘密会議（コンクラーベ）によって運営されているものでもなければ、儀礼に通じた神官たちによって支配されているのでもなく、国家的ないしは国際的官僚機構によって管理されているという特徴をもつ[8]」と説明する。グットマンはこの近代スポーツにおける官僚化の整理を、イギリスとアメリカを中心にスポーツ文化が発信され、画一化していく「文化帝国主義」を検討する文脈で取り上げている。

　本節では、「多様性と階層化をめぐる闘争のアリーナ」として副題を設定しているが、先取りして結論を述べると、この官僚化がスポーツにおける多様性と階層化を読み解く足がかりとなることが指摘できる。それでは以下より、軟式ボールを使用したスポーツを構成する、野球、ソフトボール、テニスにおける硬式と軟式を管理、統括する競技団体の構造を確認する。

　表2-1は、野球、ソフトボール、テニスの3つの競技における中央競技団体を概観したものである。まず、軟式野球は高等学校以外が「全日本軟式野球連盟[9]」の統括となっている。これに対して硬式は、小学校、中学校において統括組織が乱立されている状態になっている。高等学校では「日本高等学校野球連盟（高野連[10]）」が硬式、軟式ともに管轄している。大学は「全日本大学野球連盟[11]」が管轄しており、それ以外の専門学校、実業団、クラブチームは「日本野球連盟[12]」が管轄している。それぞれの競技団体が主催で、優勝を争う全国大会が開催されており、競技人口の多さ、競技力の高さを伺うことができる。このように、野球界には学齢や性別、ボールなど様々な区

分によりそれぞれに協会、連盟、機構が設立されている。

　次に、ソフトボールにおいては全てが「日本ソフトボール協会[13]（JSA）」の管轄となっている。小学校から高等学校までは軟式、専門学校以上は硬式、クラブチームにおける生涯種別は軟式、競技種別は硬式と、使用ボールと種別、カテゴリの関係がルールにより規定されている。そこでは、軟式球で行う種別を「ゴムボール」、硬式球で行う種別を「革ボール」と呼んでいる。このことは、野球やテニスと異なって、「硬式野球」または「軟式野球」と言ったり、「ソフトテニス」と言ったりするように、競技に対する名称を変更するのではなく、単にボールの名称でカテゴリを示すことは、ソフトボールにおいては硬式と軟式は「区分」という意味合いが強いと推察できる。

　さらに、テニスにおいては、硬式が「日本テニス協会[14]」、軟式が「日本ソフトテニス連盟[15]」というように、ボールの違いにより協会が分かれている。ここでは、硬式と軟式の間を選手が積極的に移動することはあまり想定されていないと考えられる。そのことは、開催されているそれぞれの大会の運営形態を見ても明らかである。なぜなら、硬式テニスでは、グランドスラムを頂点とするワールドツアー級の大会[16]から国内大会、市区町村大会まで細分的に開催されており、同様に、ソフトテニスにおいても、世界大会を頂点に学校区分に応じて細かく大会が開催されているからだ。つまり、硬式テニスもソフトテニスも、トップレベルを目指すためにはその競技の中で、順番に大会に出場し、成績を修める必要がある。このように両者とも、それぞれの競技で勝ち上がり、ステップアップしていくための段階が用意されているということである。

　このように各競技でボールごとに協会が分かれているケースと、単一の競技団体でルールにより使用ボールを規定するケース、特定の学齢期のみの競技を管轄するケースと様々な事象が折り重なっている。これを読み解くためには、「進学」や「就職」という変数と、硬式－軟式という球種が異なるこ

とで設定されるカテゴリの上位・下位を見る必要がある。それらが関連し合い、硬式、軟式それぞれのイメージを生み出し、どちらのボールを選ぶのか、という選択肢が担保されているとともに、それぞれの文化を作る複雑な力学が存在しているということでもある。この多様性と複雑性こそが、それぞれのカテゴリやボールなどの独自性を担保し、強調する役割を果たしていると考えられる。その一方で、この多様性と複雑性に起因して、軟式ボールに関する横断的研究を困難なものにしているとも考えられる。

		小学校	中学校	高等学校	大学	専門学校	実業団	クラブチーム	プロ
野球	軟式	全日本軟式野球連盟			全日本軟式野球連盟				
	硬式	ボーイズ リトル シニア ヤング ブロンコ	ボーイズ リトル シニア ポニー コルト フレッシュ	日本高等学校野球連盟	全日本大学野球連盟	日本野球連盟			日本野球機構（NPB）
									日本独立リーグ野球機構
ソフトボール	軟式	日本ソフトボール協会						日本ソフトボール協会	
	硬式				日本ソフトボール協会				
テニス	軟式	日本ソフトテニス連盟							
	硬式	日本テニス協会							

表2-1　野球、ソフトボール、テニスにおける競技団体の状況

第2節　軟式スポーツの競技人口の推移と学校教育

　次に、笹川スポーツ財団による『スポーツ白書』のデータを参照したい。**表2-2**は野球とソフトボール、ソフトテニスの登録者数およびチーム数を示したものである。ここで注意すべき点は、野球とソフトボールにおいては硬

式と軟式を区別していないということである。実態としては、野球とソフトボールに関しては、この中に「硬式野球」と「軟式野球」、「革ソフトボール」と「ゴムソフトボール」というボールの違いを念頭に、本来なら分類して考える必要がある部分が含まれている。つまり、ここに示されている登録チーム数は、野球、ソフトボール、ソフトテニスの集団の規模を示していると言える。

　これら登録者数のデータを見てみると、この間の競技人口の傾向として、野球は微減、ソフトボールが大きく減少していることが指摘できる。これには、野球とソフトボールは調査対象期間においてオリンピックの実施競技でなかったという側面が影響していることが考慮される。ソフトテニスは

登録者数（人）〔チーム数〕				
		野球	ソフトボール	ソフトテニス
2007年度	全体	-　〔65,645〕	-　〔10,213〕	540,270　-
	男	-	-　〔6,079〕	-
	女	-	-　〔4,134〕	-
2010年度	全体	-　〔68,748〕	-　〔10,670〕	461,508　-
	男	-	-　〔6,081〕	233,193
	女	-	-　〔4,589〕	228,315
2013年度	全体	-　〔59,830〕	-　〔10,679〕	450,899〔15,254〕
	男	-	-　〔6,040〕	227,568
	女	-	-　〔4,639〕	223,331
2016年度	全体	-　〔59,803〕	126,941〔9,733〕	458,275〔14,842〕
	男	-	85,286〔5,486〕	-
	女	-	41,655〔4,247〕	-
2019年度	全体	12,769〔353〕[17]	184,516〔9,269〕	439,117〔14,808〕
	男	12,769〔353〕	107,751〔5,213〕	-
	女	0〔0〕	76,765〔4,056〕	-
2022年度	全体	12,202〔353〕	172,256〔8,793〕	278,005〔12,656〕
	男	11,893〔353〕	100,697〔4,922〕	148,923
	女	309	71,559〔3,871〕	129,082

表2-2　野球、ソフトボール、ソフトテニスにおける登録者、チーム数[18]

2007年の大幅減少ののち減少傾向にある。

中学校における軟式ボールによるスポーツ活動

　次に、軟式ボールによるスポーツ活動が盛んな「学校スポーツ」に着目したい。教育機関において軟式スポーツが浸透していることについては、以下の資料から明らかとなる。下の**表2-3**は、中学校運動部活動の種目別登録数である。男子においては、軟式野球とソフトテニスの2競技が、中学校の運動部活動における上位10位にランクインしている。例えば、2021年度の2種目の登録率を合計すると、25%近くなり、4分の1を占めることとなる。また、女子においてはソフトテニスとソフトボールが上位10位にランクインしている。これは2001年度から2021年度を通じて登録率を合計すると25%近くなり、4分の1を占めている。つまり、中学校の運動部活動においては、男女ともに軟式スポーツが4分の1の登録率を占めるということになる。

　中学校において硬式テニスが上位に出てこない理由は、「公益財団法人中学校体育連盟（中体連）」が、日本テニス協会の加盟を認めていないことにある。[19]また、硬式野球については管轄される協会やリーグ組織が多岐にわ

人数(%)	男子				女子			
	軟式野球		ソフトテニス		ソフトテニス		ソフトボール	
2001年度	321,629	(20.4)	183,032	(11.6)	233,965	(21.1)	64,128	(5.8)
2005年度	295,621	(20.7)	184,945	(12.9)	211,203	(21.3)	56,293	(5.7)
2008年度	305,958	(21.4)	242,290	(17.3)	200,232	(20.5)	58,056	(5.9)
2010年度	290,755	(20.8)	167,532	(12.0)	193,176	(20.3)	54,645	(5.7)
2011年度	280,197	(19.6)	166,815	(11.7)	196,129	(20.0)	53,821	(5.5)
2013年度	242,290	(17.3)	174,435	(12.5)	197,227	(20.9)	48,036	(5.1)
2016年度	185,314	(14.1)	171,397	(13.0)	186,931	(20.4)	41,847	(4.6)
2018年度	166,800	(13.6)	149,258	(12.2)	167,762	(19.3)	37,858	(4.4)
2021年度	149,485	(13.0)	138,335	(12.1)	160,664	(19.2)	30,190	(3.6)

表2-3　中学校運動部活動における種目別登録数[20]

たっており、中体連に加盟しているのは全日本軟式野球連盟である関係から、軟式野球のみという状況になっている。

高等学校における軟式ボールによるスポーツ活動

　次に、高等学校における運動部活動の種目別登録数を見たい。ここで注意すべき点は、高等学校における野球部は、硬式、軟式ともに公益財団法人日本高等学校野球連盟（高野連）による管轄となり、サッカーやバスケットボールなど他の競技の部活動が管轄されているのと異なり、「公益財団法人全国高等学校体育連盟（高体連）」の管轄外となっていることである。この管轄の違いから、野球競技は全国高等学校体育大会（インターハイ）は開催されず、独立して全国高等学校野球大会（甲子園）と全国高等学校軟式野球大会が運営、開催されている。

　表2-4は、高等学校運動部活動の競技別登録者数を示したものであるが、軟式野球は高野連に、残りの競技は加盟している学校数および部員数の推移をまとめたグラフである。ここでは、中学校と比較して軟式スポーツの登録率が少ないことが明らかである。中学校では男女ともに25％近くを軟式スポーツで占めていたが、高校では10％少々と大きく減少している。

　また、2018年のデータでは、硬式野球の登録者153,184人に対して、軟式野球の登録者数は、8,755人と、大きく差が開いている現状がある。中学校部活動（軟式野球）と比較すると高等学校における野球では硬式のみで中学校部活動の人数に近い人数が登録されている。ここには、中学校から高等学校への進学に伴う軟式から硬式への転向が含まれているということになる。

　また、表2-4の右側、女子の高等学校部活動の登録者数を見ると、ソフトテニス、ソフトボールともに登録者数が減少している。中学校からの継続性という観点からすると、ソフトテニスは約3分の1に、ソフトボールは約2分の1程度まで競技人口が減少している。それら減少の要因は様々に考え

第2章　軟式スポーツの現状と課題　　55

人数(%)	男子		女子	
	軟式野球	ソフトテニス	ソフトテニス	ソフトボール
1995年度	13060（-）	49,771（5.3）	64,006（10.1）	39,443（6.3）
2005年度	11575（-）	51,535（6.5）	44,979（9.5）	25,427（5.4）
2008年度	11450（-）	46,615（6.0）	39,641（8.9）	25,620（5.7）
2010年度	11014（-）	47,619（6.2）	36,845（8.4）	25,632（5.8）
2011年度	10983（-）	46,299（6.1）	35,532（8.2）	24,853（5.7）
2013年度	10945（-）	46,615（6.0）	34,587（8.0）	22,761（5.2）
2016年度	9561（-）	48,669（6.0）	36,062（8.0）	22,047（4.9）
2018年度	8755（-）	47,698（6.1）	34,564（7.9）	20,631（4.7）
2021年度	7898（-）	41,626（5.8）	30,316（7.3）	17,408（4.2）

表2-4 高等学校運動部活動の競技別登録者数[21]

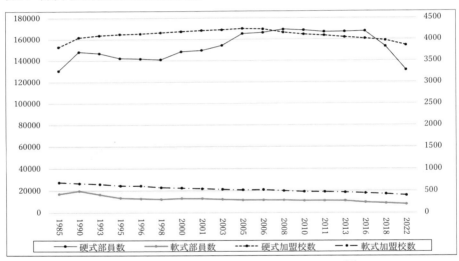

表2-5 日本高等学校野球連盟に登録されている種目別登録者、チーム数の推移[22]

られるが、ソフトテニスにおいては、硬式テニスへの転向が競技独自の要因として含まれるのではないかと考察できる。

ソフトボールにおいては、高等学校まではゴムボールを使用することとルールで定められており、革ボールの使用は大学からとされている。つまり、野球やテニスと異なり、進学によって強制的にボールが変更されるというこ

とである。また、ソフトボールは、より簡素化し、安全性を高めた用具による「学校体育ソフトボール」が中学校保健体育科学習指導要領におけるベースボール型競技の指導に採用されている。

第3節　軟式スポーツのイメージ

　ここまで競技団体の構造や、運動部活動の所属人数における軟式スポーツの割合から考察すると、学校教育において軟式スポーツが浸透していることが明らかとなった。スポーツと学校教育、運動部活動の関係を研究する中澤篤史（2014）は、スポーツと学校教育の関係が構築されるプロセスについて以下のように述べる。

　　　スポーツと学校教育は、戦後日本社会という文脈で、〈子どもの自主性〉が価値づけられ、広がっていったことで、日本特殊的に結び付いた。そして、その〈子どもの自主性〉を反省的に意味づけ直しながら、今もなお、スポーツと学校教育は結び付けられ続けている。[23]

　中澤は、「子どもの自主性」という要素が戦後日本社会の学校教育において重要視されてきた価値観であることを指摘しながら、スポーツと学校教育の関係において特にそれが強調されてきたことを示す。学校教育と軟式スポーツの結びつきを見ると、結びつくがゆえに強調されてしまう軟式スポーツの特性が垣間見える。

　では、軟式スポーツの持つ特性とはどのようなものとなるのか。軟式スポーツは「軟式」とされているが、ルールや競技場の規格については硬式と大きく差はなく、あくまでもボールが変更されていることが最大の違いである。また、学校教育の正課、課外で採用されているということや、公園など

には「危険な球技禁止」、「野球は軟式のみ（硬式禁止）」という注意看板があ
る場所も存在することなどからも、軟式スポーツは「安全」で、「安価」で、
「入門」に適していると捉えられることが多い。こういったイメージにより、
硬式と軟式には、硬式が上位、軟式が下位、もしくは硬式が高度で軟式が入
門ないしは大衆といった、ヒエラルキー的な構造があると考えられることも
少なくない。

　しかし実際には、軟式スポーツにはその競技独自のプレイがあり、独自の
文化性を持ち、独自の空間を生み出している。例えば、野球やソフトボール
におけるバットスイングの違いや、ボールの握り方の違い、イレギュラーに
対応する能力など様々な特徴を生み出してきた。しかし、こういった軟式
ボールを用いることによって生まれる独自性が考慮されることなく、硬式の
廉価版や入門編であるというステレオタイプ化された軟式のイメージが定着
してしまっている。

　社会学者の永井良和は、序章でも紹介したように、「硬式野球こそが甲子
園にいたる栄光の道であるとの思いが強すぎるせいか、それと比較される軟
式は、損なイメージを引き受けさせられている[24]」と述べる。「損なイメージ」
とは、「入門編」、「廉価版」、「硬式の下位互換」といった「チープなイメー
ジ」のことを指すと考えられる。そのイメージを示すように、1966年に全
日本軟式野球連盟副会長を務めていた船津國夫は、以下のように述べる。

　　　中卒で軟式をやった選手が、高校で硬式に転校する時、ボールの大き
　　さが同じ[25]ならなれやすい。小さいことかもしれないが、それがひいて
　　野球界の底辺拡大につながる結果をうむの[26]だ。

　このコメントに対して、この記事のインタビュアーである越智正典[27]が同
じ記事の中で応答している。

氏は、たまたま、生徒だけを対象にして発言したのだろうが、若し、
軟式野球が、野球界の底辺だといっているならば考えものだ。
　軟式野球が、野球界の底辺である必要はどこにもないと私は、考える
からだ。むしろ、軟式野球には軟式のたのしみがあり、よろこびがあり、
悲しみがある。そしてすでに、立派な、一つの分野を確立している。[28]

　越智正典は、軟式野球の持つ「独自性」に着目して、以上のように述べて
いるが、それは手軽さや間口の広さに起因している。それを示すように以下
の記述がある。

　　もっともここで問題になるのは、〈軟式野球〉とはなにかということ
　だろうが、私がいいたいのは、全日本の大会や、国体に出場出来るよう
　なチームだけが、軟式チームではないということだ。
　　町工場の工員さんや、商店の店員さんが、たまの休日をたのしむ野球。
　そのほうが、むしろ軟式野球らしいということなのだ。いや、お昼のサ
　イレンがなるのを待ちかねたようにして始められる職場や路地での
　キャッチボールだって、立派な〈軟式野球〉だ。[29]

　様々なアクターが、様々な場所で軟式野球ボールを使って遊ぶ様子を書き
起こした越智正典は、そうしたものも「立派な軟式野球」であると形容する。
それは、軟式野球がいつでも、どこでも、誰でも取り組めるスポーツである
ことと同義である。しかしこれは、硬式か軟式かという「選択肢」が提示さ
れているからこそ、「独自性」を主張できるのである。
　ソフトボールにおいては、次に示すような登録種別の変更がなされてし
まった。このことは、永井良和の言う「損なイメージ」に起因してステレオ

第2章　軟式スポーツの現状と課題　　59

タイプ化された軟式のイメージが背景にあると言わざるを得ない。

　ソフトボールにおける登録種別とは、板谷昭彦（2014）によると次のように整理される。競技種別として「クラブ」、「実業団」、「教員」の3区分、学生種別として「大学」、「高等学校」の2区分、生涯種別として、「小学校」、「中学校」、「エルデスト（50歳以上女子）」、「エルダー（35歳以上女子）」、「レディース（15歳以上女子）」、「壮年」、「実年」、「シニア」、「ハイシニア」、「一般男子」という10区分、これら3種別15区分が存在していた。[30]

2016年度まで			2017年度より		
種別	男子	女子	種別	男子	女子
競技	クラブ		競技	クラブ	
	実業団			実業団	
	教員	―	学生	高等学校	
学生	高等学校			大学	
	大学		**教員**		―
生涯	小学校		生涯	小学校	
	中学校			中学校	
	一般男子	レディース		一般男子	レディース
	壮年	エルダー		壮年	エルダー
	実年	エルデスト		実年	エルデスト
	シニア			シニア	
	ハイシニア			ハイシニア	

表2-6　ソフトボールの登録種別とカテゴリの分類[31]

　しかし、2017年にはこの中の競技種別にあった「教員」が、生涯種別へ移行した。このことは、今まで硬式ボールでプレイしてきた種別を軟式ボールへと変更したという意味を持つ。この事例では、2016年の教員全国大会優勝チームが競技種別の「クラブ」へと自チームを登録変更し、硬式ボールでのプレイを継続するという選択をした。このことは、「硬式＝ハイレベル」、「軟式＝入門」という図式を暗示した事例であると言える。

小括

　ここで、本章での議論を振り返るとともに、そこで抽出された論点を改めて提示し、次章での議論の方向性を簡潔に示しておきたい。

　第1節においては、軟式ボールを使用するスポーツ、硬式ボールを使用するスポーツの中央競技団体とカテゴリ分けを整理した。そこでは、競技ごとに中央競技団体の状況は大きく異なっており、野球、ソフトボール、テニスにおける中央競技団体の多様性と複雑性こそが、それぞれのカテゴリやボールなどの独自性を担保し、強調する役割を果たしていると考えられる。その一方で、この多様性と複雑性に起因して、軟式ボールに関する横断的研究を困難なものにしていることも示唆された。

　第2節において行った競技人口の整理では、(1) 中学校では男女ともに中体連登録者のうち25％が軟式ボールを使用するスポーツで占められていること、(2) 高等学校になると競技者数は減少するが、そこには、①野球の管轄連盟が異なること、②テニス、野球ともに硬式への転向が考えられること、この2点が浮き彫りとなった。また、軟式スポーツいずれの競技にも協会に登録されない「愛好家」が少なくなく、レジャー的性質が強い面もある。

　第3節では、「軟式」という言葉にもたらされるイメージを、野球に関する記述を足がかりに整理した。そこでは、「軟式」は本来、独自性を持った1つの分野として確立されていると説明できるのにもかかわらず、硬式と対照的に「チープ」で「損なイメージ」がついて回ってしまっていることが示唆された。

　本書では軟式スポーツが持つ「独自性」に着目して、スポーツの構成要素である「用具」について、おもしろさや興奮といったスポーツが持つ内在的な価値にいかに関わっているのか、それらを人々がどのように受容し、発展させてきたのかということを明らかにすることを目的に議論を展開していくのであるが、次章では軟式ボールの発明から展開に迫り、軟式スポーツの文

化が形成されていく歴史的経緯に焦点を当てる。そこでは、軟式スポーツが持つ「独自性」がいかに構築され、強調され、学校教育と結びつく中で後景化されたりする様子を伺うことができる。

第3章　軟式スポーツの文化はいかにして作られたのか
──スポーツ用具を取り巻く状況と歴史

はじめに

　前章では、軟式スポーツの現状について、中央競技団体の構造や競技人口の推移に着目して、軟式スポーツが多様性とそれに起因する複雑性を持ち、現在では「チープ」なイメージを付与されつつも、1つの確立された競技として説明できることが明らかとなった。

　本章では、まず軟式ボールの誕生について、それぞれのボールに分けてその歴史を紐解いていく。次に、戦後のスポーツ用具を製造する業界史『日本運動具新報』を中心に、戦後日本における軟式ボールの展開について検討する。最後に、軟式ボールの誕生から展開の歴史を、第1章で見た「スポータイゼーション」の文脈において検討する。これらの作業を通じて、軟式スポーツは大衆のスポーツとして「レジャー化」されてきた側面を照射するとともに、その力学にも迫りたい。

　戦前の日本におけるスポーツは、「国威発揚を目指したオリンピック主義に基づく一部エリート選手の育成であり、青少年の思想善導・社会思想対策として振興」[1]されていた。野球をめぐる動きで言うと、「野球害毒論」なる反野球の論壇活動があったにもかかわらず、野球は人々に「やってよし、見てよし、聴いてよし、読んでよし」と言われたように、多くの人々にとって人気のあるスポーツとして位置づけられてきた。それゆえに、戦前の天皇制のもとで厳しく弾圧されてきた左翼政治運動家たちは、彼ら自身の政治的活動への支持を人々から獲得するために、民衆にとって人気があるスポーツを戦略的に利用する活動が進められた。

例えば、『プロレタリア・スポーツ必携[2]』という書籍があるが、この本は「労働者の懐柔や先導に利用されるというスポーツの政治的側面を指摘しつつも、必ずしもスポーツ自体を単なるブルジョア文化として否定的に捉えるのではなく、そこには大衆に対するスポーツの対抗的普及の指向性が含まれ[3]」ることに注目している。なお、当該書籍において、「あらゆるスポーツの内で青年労働者のもっとも関心をもっている競技が野球である故、大きな組織力があることを見逃してはならない[4]」と、その競技人口の多さゆえに青年競技者を取り込むことができれば、左翼政治運動の進展が成し遂げられると考えていたのであろう。また、『プロレタリア・スポーツ必携』の著者である沢田敏雄は「我々はここに、いかにブルジョアジーのスポーツ政策が素晴らしい効果を挙げているかを見るのである[5]」と、エリートスポーツとしての野球の官僚制や組織力の分析をしている。それゆえに、『プロレタリア・スポーツ必携』は、左翼政治運動を前進させるために、単にスポーツ人気、中でも野球を利用して人々を動員することを目指しているものではない。むしろ、野球をはじめとするスポーツが、戦前の天皇制イデオロギーとともに、人々の生活や思考の形成に利用されていくプロセスを明らかにすることによって、プロレタリアート（勤労者）が自分たちの手で野球をはじめとするスポーツの主体的な担い手になることを目指していた。このような政治的な試みは、『プロレタリア・スポーツ必携』において、野球のルール、練習法、野球用具の価格表などを掲載していることに表れていると言えよう。

　戦前のスポーツ用品をめぐるビジネスの展開について、谷釜尋徳（2021）は「20世紀が開幕すると、それまで欧米から摂取してきたスポーツが定着するとともに、さらに拡大の傾向を見せ[6]」、「大正期になると、このニューウェーブに着目し、スポーツ用品の製造販売ビジネスにチャンスを見出すものが続々と登場[7]」し、「本格的なスポーツ用品ビジネスの時代[8]」が到来したと述べる。この「ニューウェーブ」にはテニスや野球の軟式ボールも含まれ

ている。

　それでは次節より、戦前におけるそれぞれの競技の軟式ボールの誕生から出発し、戦後に軟式ボールが普及する過程までを紐解いていく。

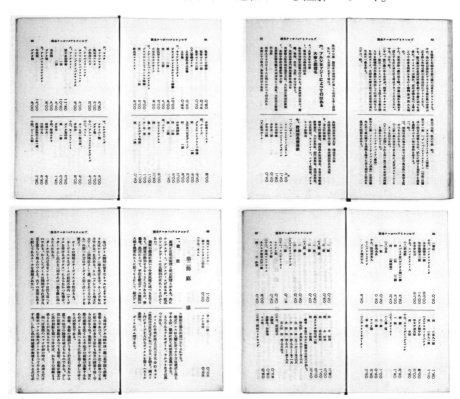

図3-1 『プロレタリア・スポーツ必携』での野球用具の価格表

第1節　軟式ボール誕生小史──軟式スポーツの「出発点」

　軟式スポーツとは、序章で定義したように、野球、ソフトボール、テニスにおいて使用するボールを、硬式ボールに代えて軟式ボールで競技を実施す

第3章　軟式スポーツの文化はいかにして作られたのか　　65

るスポーツである。つまり、硬式ボールに代わる軟式ボールの誕生なくしては、軟式スポーツも誕生しなかった。

戦前の中でもとりわけスポーツ用品の黎明期である大正期について、谷釜（2021）は、「スポーツ用品の全てを国産品では賄うことはできず、多くは外国産に頼らざるを得」ず、「日本の各種スポーツのボールが国産化の時代を迎えたのは、およそ昭和初期のこと[10]」だったと述べる。本節でスポットを当てる軟式ボールの誕生においても、同様の現象が確認できる側面がある。

そのような軟式ボールの歴史の内実に迫るために、本節では、軟式ボールの誕生と発展を振り返り、その過程で生じた課題を整理する。まず、軟式野球ボール、ソフトテニスボール、ゴムソフトボールと3種類ある軟式ボールの中で最初に誕生したソフトテニスボール誕生の歴史を紐解く。

ソフトテニスボールの誕生

ソフトテニスが行われはじめた、「明治25年以前の軟式庭球のボールは輸入したものを使用[11]」しており、このボールはドイツからの輸入品であった。それ以前に、アメリカから体操伝習所の指導者として招かれたジョージ・アダムス・リーランド（George Adams Leland）によって1878年（明治11年）紹介されたローンテニス[12]は、当初、フェルト製のボール（以下、フェルトボール）が使用されていた。しかし、アメリカ由来のフェルトボールは、そもそも高級品であり、大衆が容易に手に入れて使えるようなものではなかった。また、入手できたとしても消耗や紛失、破損が相次いでいた。そのため、恒常的にテニスを楽しめるようにフェルトボールの代用品として白羽の矢が立てられ、用いられるようになったのが、女子児童が遊びに使っていたゴム製の鞠である。

このゴム鞠もドイツ製であり、輸入品ではあったが、フェルトボールの6分の1の価格で入手することが可能であった[13]。しかし、輸入品に頼るので

はなく、ボールの国産化を目指す動きが見られるようになる。例えば、『21世紀スポーツ大事典』によるとテニスボールは「ガットやラケット不足から、三田土ゴムと東京高等師範学校の共同開発により、軟式テニスボールが発明された。廉価で長持ちするゴム製ボールの開発により、軟式テニスは全国津々浦々に広がっていった」とされている。このような国産化の背景には、フェルトボールの代用品として、輸入品であった手鞠用のゴムボールを使用していたことにある。

図3-2『日本庭球史　軟庭百年』カバー

　また、三田土護謨会社がゴム製品の製造に当たって、シンガポールより1万ポンドの生ゴムを買いつけたのを聞きつけた東京高等師範学校がテニス用のゴムボール製造を依頼した。そして、1900年（明治33年）に製品としての軟式テニスボールである「赤Mボール」を完成させた。また、『日本ゴム協会誌』に、ソフトテニスボールのより詳細な記述を見ることができる。

　　初めて日本に紹介されたのは、明治13年頃（1880年）ヨーロッパで発達したローンテニスであった。当時、硬式テニスボールの入手が非常に困難であったため、日本独自のゴムボールによる軟式テニスが考え出された。(…) 競技に使用されるゴムボールとしては明治30年（1897年）頃完成品に近いものが得られ、初めての大会が開催され、明治37年（1904年）には日本で最初の「軟式庭球規則」が制定された。

　明治期のテニスは、『戸外遊戯法』をはじめとする児童への遊戯紹介書に頻繁に登場し、それが小学校への普及の一助になったと考えられている。

また、旧制中学校の校友会組織(17)が整備されたことに伴ってテニスの普及が進められた。このように、運動部活動へのテニスの浸透が、ソフトテニスボールを手軽にテニスをするための道具として浸透したことと関連があると言える。紹介したこれらの記述は、ソフトテニスについてのごく簡潔な史実である。とは言えここまでのソフトテニスに関する資料を見ると、のちに見る軟式野球ボール、ゴムソフトボールよりも早く製造され、軟式ボールの礎となったことが明らかとなる。

軟式野球ボールの誕生

その軟式野球ボールであるが、『最新スポーツ科学事典』によると、「1919年に京都市の小学校教諭と文房具商人によってルールと共に考案された。日本における草野球、少年野球の歴史はこの軟式野球ボールと共にある(18)」とされている。

そもそも、日本における野球の受容は、明治維新から5年後に当たる1872年（明治5年）であった。その時は、第一大学区第一番中学校において、アメリカ人教師のホーレス・ウィルソン（Horace Wilson）が学生たちに教えたのがはじまりであったとされている(19)。つまり、野球の受容から40年もの年月が経ってから軟式野球ボールが開発されたのであるが、その原因や背景を探るためにも先の『日本ゴム協会誌』における軟式野球ボールに関する以下の記述に注目してみたい。

　　硬式野球をプレーするに至らない少年たちは、テニスボールや、スポンジボール等を使って野球を楽しんだが、それらのボールは、軽くてスピード感が乏しく、耐久性がなく、そこで打っても破れず、サイズ、重さも少年に適し、「硬式野球ボールのような危険性」のないボールを求めて、テニスボールと同様の「中空構造」を持つ「ゴムボール」が完成

した。[20]

　上記の引用で注目すべき点は、「硬式野球をプレーするに至らない少年たち」というフレーズに象徴されるように、軟式ボールが「入門」や「廉価」というニュアンスを含んでその層を対象として製造されたということにある。

　軟式野球ボールが登場する以前に行われていたスポンジボールを使った野球は、全日本軟式野球連盟が編纂した『軟式野球史』によると、ボールの「重さも相当にあり、硬さも手ごろであっ[21]た」し、「変化球も投げることができたので、子供たちには大変評判がよく、またたく間に普及[22]」したとされている。こうしたスポンジボールによる野球の流行は、「グラブやミットの使用が多くな」り、「同時に子供の野球遊びから「少年野球」への、本格的な進歩の道をあゆむ[23]」ようになったとある。また、スポンジボールに加え、ソフトテニスボールとして開発された「赤Mボール」も同様に野球のボールとして使用されていた。

図3-3『軟式野球史』表紙

　しかし、軟式野球ボール、つまり「投げやすいボール、打って手応えのあるボール、しかも子供たちが安全に野球を楽しめる柔らかいゴム質のボール[24]」を要望する声の高まりがあった。それは、スポンジボールには「難点」があったためである。スポンジボールは耐久性がなく、新しいボールでも1試合の間に壊れてしまうことも多く、また、「打っても打球に伸びがなく、バウンドも高く、またイレギュラーしやすい」という難点があった。

　こうした、スポンジボールの難点を解決するために適した「ボールを子供たちのためにつくってやりたい[25]」と軟式野球ボールの開発に向けて、1916年（大正5年）に作られたのが、「京都少年野球研究会」という会だった。こ

第3章　軟式スポーツの文化はいかにして作られたのか　　69

こに小学校教諭である糸井浅次郎、有田辰三、富士野慶太郎に加え、文房具商人の鈴鹿栄が所属していた。『軟式野球史』には、この当時、つまり軟式野球の黎明期に関する記述が見られる。そこには、「最初に着手したのは、ルールの制定であった。糸井浅次郎が中心となって研究を重ね、実際にも試してみたりして、1917年（大正7年）から正式に実施した。このルールがゴムボールを使った野球のルールとして、おそらく日本で初めてのものであったと思われる[26]」とある。

　ルールの制定が一段落したのちに、「少年野球用ゴムボール」が開発されるのであるが、開発の過程においては、「ボールの直径、硬さ、表面の滑り止め[27]」が製造上の問題点として現れていた。それらをクリアするために試作を重ね、「京都の小学校で何回となくテストを繰り返し、試作品も何度か作り直しをした結果、ようやく満足のできるボールができあがった[28]」のは「大正7年（1918年）の夏」だったとされている[29]。

　これらのことから、少年野球用の軟式野球ボールは、野球遊びのスポンジボールを置き換えるために発明され、構造的にはテニスボールを参考としつつも、打球の速さや投げやすさを求めて重量感を出す方向にシフトしていったことがわかる。また、学校教諭が関与していることから当時のスポーツは学校単位で行われ普及したというように、日本でのスポーツの広まりと軟式野球および軟式野球ボールは関わっていることが考えられる。

　1929年（昭和4年）の春には、当時の軟式野球を統括する「日本軟式野球連盟」が結成されるのであるが、そこでは、「この野球をどういう名前でやろうかということが問題」となった。そして、「ゴムボール使用のテニスは軟式テニスと言っているから、これに倣って軟式野球にしようということで決まった[30]」とされている。日本軟式野球連盟は、こののち、戦火により解散し、1946年（昭和21年）に「全日本軟式野球連盟」が結成されるに至るのである。

ゴムソフトボールの誕生

　最後に、ソフトボールで用いられるゴムソフトボールの誕生に迫る。ソフトボールの日本における受容であるが、東京高等師範学校の教授であった大谷武一が留学から1921年（大正10年）に帰国し、その際に持ち帰ったとされている[31]。そして、ゴムソフトボールの開発については以下のような記述がある。

> 　軟式野球ボールと同様に、（ゴムソフトボールは[32]）革製ソフトボールの代用品という位置づけから出発しその後、耐久性、安全性、使い易さ等の長所が広く市場に認められ、日本全国の老若男女に親しまれてきた。（…）当初は、革ボールのみが使用され、雨水の吸収、表面のささくれ、縫い糸の切断等の問題が競技者を悩ませましたが、1950年（昭和25年）にゴム外皮のソフトボールが開発され、市場に供給されたことにより前述の問題は一気に解消され、競技の普及に少なからず寄与があった[33]。

　つまり、ソフトボールの受容から29年後にゴムソフトボールが開発されたことになる。ゴムソフトボールが誕生する背景には、軟式野球のように「硬式をプレーするに至らない人々」ではなく、ボールのささくれや縫い糸の切断といったボールそのものの不備に対する不満があったと考えられる。革ソフトボールへの不満の解消というテーマのもとに、ゴムソフトボールは軟式野球ボールのように中空構造ではなく、革ソフトボールと同様のコルク芯が採用されている。

　ゴムソフトボールが開発される1年前の1949年（昭和24年）には、日本ソフトボール協会が設立される。それまでは、全日本軟式野球連盟に包含され、「全日本軟式野球連盟ソフトボール部会」として存在していた。これは、組

織に関わったGHQ（連合国軍最高指令官総司令部）とのやりとりの中でソフトボールと軟式野球を同一の組織にしたという背景がある。そのやり取りとは、レクリエーションスポーツとしての競技人口は多かったものの、組織がなかったことに対して、大阪府体育課長だった岩野次郎と厚生省体育官だった栗本義彦がGHQと交渉した際「軟式野球を“ソフトベースボール（Soft baseball）”と直訳した[34]」というエピソードがある。そのような過程を経て日本ソフトボール協会は設立された。その日本ソフトボール協会は目的を「わが国におけるソフトボール界を統轄し代表する団体としてソフトボールの普及及び振興を図り、もって国民の心身の健全な発達に寄与すること[35]」と定めている。

　しかし、先に紹介したソフトボールの受容に関する歴史的な背景の理解に対して、異論が出されている。吉村正・丸山克俊（1980）は、「「野球」が日本に伝来したとされる明治時代に、（…）今日我々が云う「ソフトボール」が行われていたことを明らかにした[36]」と述べる。その理由として、吉村正らは「明治の初期におけるベース・ボールは、今日の野球のようにボールを小さく、硬くして、競技中心的なボールゲームとして、発達の過程を辿る一方で、大球・重球と言われたように、今日の「野球」という形態ではなく、むしろ、今日のレクリエーション的に行うソフトボールに類似したものとして存在していた[37]」と述べている。つまり、野球の伝播と同時に、その変種として現在、私たちが知っているソフトボールのようなスポーツが行われていたということである。それについては、学生野球の父と称される飛田穂洲[38]も1920年の『新小説』において以下のように述べている。

　　数年前故花井早大野球部主事が、マニラからインドーアベースボールを輸入し来り、これを名古屋高等女学校に進めたのが嚆矢となって、同地に開拓され、其後府下大井の小学校の女生にも採用されて、女子野球

の曙光を見いだした。⁽³⁹⁾

1920年（大正9年）と言えば、ソフトボールが受容されたとされてきた年より1年早い。その年の『新小説』の中で飛田は、インドア・ベースボールが数年前よりプレーされていたということを述べている。さらに、軟式野球の祖先的立場にある「スポンジ野球」についても言及している。

図3-4 『協会三十年史』カバー

> スポンジボールの発達は女子の野球を捉進させるに絶好の機会を与えたものであらねばならぬ。スポンジ野球はインドーアベースボールよりは、種々の点において優れている。⁽⁴⁰⁾

この記述からは、スポンジ野球の方が、インドア・ベースボールより野球の普及という観点では優れているということと、スポンジボールによる野球が、野球の導入に適しているということが読み取れる。つまり、飛田はソフトボールの祖先であるインドア・ベースボールと、軟式野球の祖先であるスポンジ野球の、競技における差異を見出し、インドア・ベースボールとスポンジ野球の間に、現在の野球とソフトボールの競技的な「違い」に近いものを感じ取っていたということが考えられる。

このインドア・ベースボールは、大谷武一により東京高等師範学校の体育科にて実施されていた。1923年（大正12年）に、大谷武一の授業を受講した吉田清は、大谷の指導を以下のように回想している。

> このボールは室の中で行うときはインドア・ベースボールといい、内

縫いである。運動場で行うときは外縫いボールを用い、プレー・グラウンドボールという。（…）

　そして、球が柔らかくて大きいし、バットは細型だから球は飛ばないし、速度も緩いので捕手と一塁手の外は素手でミットやグローブを用いない。最近、米国では、野球の興味があるし、怪我もないので、労働者や女子、子どもの間にえらく流行している……。ということも教わった。⁽⁴²⁾

　この回想からも読み取れるように、ソフトボールの祖先となるインドア・ベースボールとプレー・グラウンドボールにおいても、ボールの違いがあった。また、どちらの競技も現在の軟式ボールよりも柔らかく、素手で扱えるようなボールであり、競技としての難易度も高くなかったと推察できる。1926年（大正15年）には、このプレー・グラウンドボールが「学校体操教授要目」に採用され、学校教育課程におけるベースボール型競技の代表とされた。だが、「それは競技としての教材ではなく、遊戯としての教材」であったため、「対外競技として発展することはなかった」とされている。こののち第二次世界大戦に突入し、プレー・グラウンドボールがソフトボールとなり、競技として整備されるには戦後を待たなければならなかった。

第2節　戦後日本のスポーツと軟式野球

　前節までは、軟式スポーツそれぞれで使用するボールの誕生に迫って整理を行った。そのうち、ソフトテニスボールと軟式野球ボールは戦前の誕生、ゴムソフトボールは戦後の誕生であった。ここからは軟式スポーツの展開について迫るために、戦後の日本における軟式ボールの様子を検討する。

　1945年（昭和20年）8月15日正午にラジオを通じて発表された昭和天皇の

詔勅により、日本が連合国に対して無条件降伏したことが、国民の知るところとなった。1931年（昭和6年）の満州事変から数えると15年にも及ぶ長い総力戦を戦った日本だった。その後、日本はGHQ（連合国軍最高指令官総司令部）の統治・占領下に入り、そのGHQが掲げた徹底的な「民主化」と「非軍事化」の方針により、戦後の改革が進められた。そのような中、「戦前・戦中、軍国主義に協力した日本の体育・スポーツも強力な改革の対象となった」のである。

敗戦から2ヶ月後には、東京六大学のOBたちが集まって紅白野球試合が行われた。[43] さらに、その翌月には、オール早慶戦が行われたり、[44] プロ野球の東西対抗戦が行われラジオで実況中継されたりと、人々を楽しませていた。[45] まさに、このような状況は、戦時下において、抑圧されていた人々のスポーツへの欲求が解放された瞬間のように思われた。

このような状況の中で、当時日本の占領政策にあたっていたGHQの幕僚部に設置されていたCIE（民間情報教育局）は、体育授業のマニュアル整備やスポーツ用具の配給計画などといった、「体育・スポーツの民主化・大衆化政策」を推進していた。そのCIEは、スポーツ用具の配給計画の中で、硬式野球ボール22万個、軟式野球ボール114万個を優先的に製造するように指示する。つまり、GHQ・CIEは「民主的な野球」を促すことで、スポーツによる（再）社会化を推し進めようとしていたのである。

そこで本節からは、スポーツ用具製造の業界紙である『日本運動具新報』を、軟式ボールに着目して読み解くことから、戦後日本社会の復興期においてスポーツ用具が果たした役割について明らかにしていく。その他、『軟式野球史』や、スポーツ雑誌、運動具の組合史などを参照する。

軟式スポーツとしての軟式野球、ゴムソフトボールは、第2章でも整理したように「西洋文化である近代スポーツを受容し、再解釈したもの」である。さらに、問いから一歩踏み込みと、「戦後日本において硬式の野球、ソフト

ボールを代替する競技の用具製造を優先することが、どのような効果を生んだのか」ということに迫ることになる。

これまでの研究には、野球を取り巻く政治的な力学に関するものや、スポーツ用具製造業界と政治の関係についての研究、スポーツ用具製造業界内部の力学に関する研究などが蓄積されている。

まず、黒岩康博（2018）は、運動具店は学生や社会人が交流する場となっていたが、そうした交流の場をスポーツ雑誌『スポーツマン』にも誌上で再現していたことを明らかにした。[46]

次に、中村哲夫ら（1998）は、スポーツ用具製造業界の戦後復興過程について、当初は原料資材別の団体だったが、資材の確保の見通しが立ったり、自由経済の方向へ歩み出したりする状況の中で種目別の業界団体を結成しながら戦後復興を成し遂げ、物品税撤廃運動などのようにスポーツ政策にも関わるような団体になっていったことを明らかにした。[47]

さらに、實學淳郎ら（2004）[48]は、戦後復興期のスポーツ用具供給計画について明らかにした。CIEの体育担当官が1946年（昭和21年）9月の会議において立案した、以後15ヶ月間のスポーツ用具供給計画は、どの種目のスポーツ用具の製造を優先し、それをどのくらい製造するかという計画的・具体的なもので、当時の経済政策同様に統制的なものであった。そこでは日本人に人気の高い野球や戦後新しく導入された簡易ゲームなどの用具が高い順位に位置づけられていた。しかし、原料の輸入の遅れ、不十分な闇市への対応、国内のスポーツ用具製造業者の施設・資金不足などよって、スポーツ用具の供給は計画通りには進まなかった。1948（昭和23年）年以後はスポーツ用具供給に関する長期的な計画は見られず、乏しい原料や必要性に応じたスポーツ用具の供給計画が展開されたことが考察されている。その他、『日本運動具新報』を用いた研究には、木村吉次、中嶋健、大熊廣明、真田久、庄司節子、中村哲夫、小畠哲、實學淳郎らによる一連の研究がある。[49]

スポーツ用具の新聞が届けた「声」
――『日本運動具新報』とはどのような資料なのか

　このように先行研究が取り扱っている『日本運動具新報』であるが、同紙は1948年（昭和23年）3月1日に第1号が発行された、スポーツ用具分野の業界紙である。2021年現在では『スポーツ産業新報』と名称を変えて、各種団体・法人（学校等含む）を購読対象として発行され続けている。発刊当時の「本紙の使命」には次のような記述がある。

> 我が業界とスポーツ界とは二にして一の車の両輪の切っても切れない関係にある。（…）スポーツ界興亡の裏づけは業界の任務であり、親が心をくばって子を育てあげるところの立場にあるのが業界であるように思われる。

　つまり、『新報』編集部は、「子」である「スポーツ界」を盛り上げ、発展させるためには、用具製造業界も「親」として盛り上がり、発展する必要があると考えていたのである。ある程度スポーツが文化として発展し成熟した現代においては、スポーツ界が「親」であり、用具やメディアなど様々な「子」を抱えているように見えてしまう。だが、スポーツを行うには用具は欠かすことのできない要素であり、その意味で「親」として「子」を育て上げる責務があるのである。発刊に際して尽力した山田午郎は、発刊1年後に当時のことを次のように記してい

図3-5　1948年（昭和23年）3月1日『日本運動具新報』「本紙の使命」

第3章　軟式スポーツの文化はいかにして作られたのか

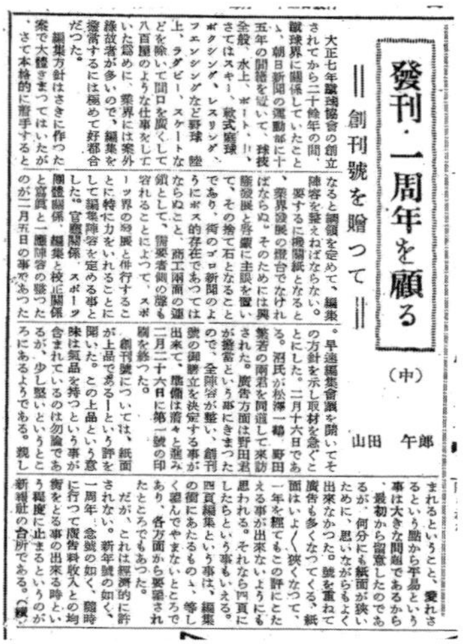

る。

　要するに機関紙となると、業界発展の灯台でなければならぬ。そのためには興隆発展と啓蒙に主眼を置いて、その捨て石となることであり、街のゴロ新聞のようにボス的存在であってはならぬこと、商工両面の連鎖として、需要者側の声も容れることによって、スポーツ界の発展と並行することに特に力をいれることにして編集陣容を定める事とした。[53]

図3-6　1949年（昭和24年）4月1日『日本運動具新報』「発刊・1周年を顧る」

　この記述にも明確なように、『新報』を作成するにあたっては、スポーツ用具製造業界の「声」を届けるとともに、需要者、つまり消費者、購買者の声を拾い上げ、伝えることも踏まえられている。スポーツ界の親としてのスポーツ用具製造には、作る側の声や論理のみではなく、買い手の声や論理も重要であることが見通されていた。

　佐藤彰宣（2018）は、『週刊ベースボール』に着目した研究において、発行者が持つ「啓蒙志向」は、編集者や読者が共有する「スポーツに教養らしさ」[54]を見出そうとする規範により支えられていたとする。『日本運動具新報』は、業界紙ということもあり、読者が「教養」らしさを見出すという側面よりも、業界の方向性を1つにするために、情報を収集し、発信するという機能が強いと考えられる。

終戦直後のスポーツ用具──「統制」・「配給」と軟式ボール

　終戦から3年後の1948年（昭和23年）には、スポーツ用具の資材となる原

料が統制の対象となるものばかりだった。スポーツ用具は戦中から配給の対象であり、政府に認可された競技団体に登録することで配給を受けるという構造になっていた。皮革、ゴム、木材がスポーツ用具でよく使われていた資材であるが、このうち木製品は加工品としての品数が多く、木材の統制の枠が撤廃され統制外となっていた。残る皮革とゴムは1948年（昭和23年）の段階では統制の対象であり、原料の入手量、加工してできる品目の両方に制限があった。

　このことで生じる問題は、スポーツ用具の数量の確保と品質の担保である。原料の使用量に制限があると、全体の製造量にも制限がかかり、不良品ができてしまう。そうすると流通する数量とそのものの品質に不安が残るということになってしまっていた。そのことに関連して、「検定」がキーワードとなる。

　スポーツ用具における「検定」は、規格を定めそのテストをパスしたものに与えられるお墨つきである。この検定を通じて、スポーツ用具が「安かろう悪かろう」になることを防いでいる側面がある。その一方で、新たに検定をパスすることが難しくなるケースもある。しかし、「検定」を行うことにより、製造業者や工場を把握することができる。それにより、生産に関わる責任の所在を明確化することができる。これは今日の製造物責任法（PL法）へとつながる点である。

「検定」が必要となる背景には、ボールを製造するメーカーの急増もある。1946年（昭和21年）当時の軟式野球ボールのメーカーは13社であったが、翌年には22社、1949年（昭和24年）には23社と急増した。この23社の中には「生ゴムの配給割当を受けるメーカーもあって、粗悪品も相当に出廻った」という状況から、「全日本軟式野球連盟は、1950年（昭和25年）より公認検定制度を採用し」、「指定して契約」するに至るのであった。

資材の割り当てと軟式野球ボール

　1946年（昭和21年）という年は、全日本軟式野球連盟が結成される年であるが、関係者は結成の準備に当たり並行してボールの確保に奔走していた。具体的には、「軟式野球ボールの製造について厚生省の栗本義彦体育官に陳情を続け」、「（全日本軟式野球連盟の）創立準備委員たちは、当時統制物資を扱っていた軍需省に栗本体育官の同行を願って、戦争によってすさみきった世相にスポーツの必要性を説明するとともに、繰り返し軟式野球ボール用生ゴムの割当てを陳情、ついにその同意を得て組織の結成に着手した[57]」とされている。つまり、軟式野球連盟の創立のためにも、軟式野球ボールの製造、そのための生ゴムの獲得は急務であった。

　例えば、1947年度（昭和22年度）の資材割り当て状況とそのうちの検定ボール生産の割合[58]は、次のようになっている。

	資材割り当て状況	検定ボール生産量	割合（%）
4—6月	25トン	12.5トン	50
7—9月	22トン	10.7トン	48.6
10—12月	30トン	18トン	66
1—3月	20トン	10トン	56

表3-1　1947年度の資材割り当て状況と検定軟式野球ボール生産の割合[59]

　シューズやその他競技の用具にもゴムを用いて製造することを考えると、軟式野球ボールの製造に割かれる量は非常に多いと言える。この資材割り当て状況に応えた文部省の担当官も、「いつも割当量の半分またはそれ以上が軟式ボールで占められているのは軟式野球の大衆性を物語っている[60]」と述べ、軟式野球が徐々にレジャースポーツとなる状況を示している。

　1949年（昭和24年）に入ると、「統制の緩和と物品税撤廃」に関する記事が大きく増える。物品税撤廃に関する運動は、署名や紙面での大々的な抗議活動により、「1949年（昭和24年）5月1日から従来50%だったものが30%

に引き下げられ[61]」る。続いて、「1950年（昭和25年）1月1日になってようやく20%に再引き下げが実施されるとともに、軟式野球ボール、軟式庭球ボールなど一部の品目は免税[62]」された。そして、「1951年（昭和26年）1月1日からは物品税がさらに引き下げられて10%[63]」となり、最終的には「1955年（昭和30年）8月から物品税法施行規則の改正があり、スポーツ用具の細かい分類に基づいて、安価なスポーツ用品は免税となった」ことで一旦の決着を見た[64]。

　戦後日本経済における税制は、1948年（昭和23年）12月にアメリカ政府が占領政府を通じて発表した「経済安定9原則[65]」により、支出の抑制と収入の確保を通じてインフレの抑制を進めることが目指された。この「経済安定9原則」に基づいて政策立案を指導するために1949年（昭和24年）2月にジョセフ・ドッジ（Joseph Dodge）が来日し[66]、「経済安定計画」を提唱した。この計画の推進過程は「ドッジ・ライン」と言われる。

　このような経緯を辿る物品税の撤廃の運動と並行して、1949年（昭和24年）にはゴム運動用具の配給についての対策交渉が始まった。その背景には、ゴム運動用具の配給が「暫定措置として、その生産者が代理店もしくは特約店を設けてなされた為に、配給品取扱圏外に置かれる卸業者にとっては致命的な最悪の措置としての不満の声が高かった[67]」ことが挙げられる。この影響で、東京都に22あった運動具卸加盟店のうち半数は圏外に置かれた。また、圏内にある業者も配給機構の安定性を欠いたために消費者に適切に販売できないという事態も生じていた。この問題を解決するために、自由販売方式と府県別割当方式の2つが検討された。最終的には、生産、卸、小売の3者とも登録制にし、割り当てを決定する方式に落ち着いた[68]。このような状況にあった1949年（昭和24年）第1四半期のゴム用具生産計画は次のようになっている。

	生産計画量	割合(%)
軟式野球ボール	17.0トン	52
軟式庭球ボール	5.3トン	16
ワンアウトボール[69]	2.3トン	6.9
ドッジボール	4.3トン	13
中袋[70]	3.5トン	11
硬式野球	0.3トン	0.9
ピンポンバット用ゴム	0.15トン	0.4
フリーテニスボール	0.15トン	0.4
合計	**33.00トン**	**100**

表3-2 1949年(昭和24年)第1四半期のゴム用具の生産計画[71]

この**表3-2**からは、統制により33トンのゴムの配給が計画されている中で、軟式野球ボールに17トン、生産計画量全体の半分以上が割り当てられていたことが読み取れる。

こうした原料の配給制の是非について、全国運動用品小売商組合連合会理事長、日本運動用具卸商業会常務理事だった高橋領之助は、「統制は元来非常時における非常措置であり固より不自然なもの[72]」であり、「最近の配給品には割当或は所定の消化ができず、業者が手持して金融に苦しんでいる例が各種の業体に見られる[73]」と述べた。この背景には、インフレがあった。製品は配給で計画的に入荷されるが、製品の価格が上昇するに伴って、売れ行きは鈍化する。またインフレにより税負担は上昇しており、ゴム製品の配給や販売に関して問題が立ち現れてくることには、先で述べた「軟式野球の大衆性」、つまり「レジャースポーツとしての軟式野球」という状況が影響していた。大衆的なスポーツを行うために欠かせないボールであるにもかかわらず、「街頭には青やトキ色のゴムボールが氾濫し二十五円位から販売されているという皮肉な現象を呈している[74]」状況となっていたのである。

このような状況について、当時の長瀬ゴム社社長だった長瀬泰吉は、「われわれが関係を持っているゴム原料においては国際商品の尤であるだけに、

その暴騰がスポーツ界にもたらす影響は極めて大なるものがある[75]」と述べている。長瀬ゴム社では、「優秀品をできる限り安価に供給することを第一として、一般需要者に対して工場出価格から卸価格、小売価格まで公表」していた。このような取り組みは、「需要者が安心して優秀品を求められること[76]」を実現するために行っていたものである。

　当時はまだ闇市で粗悪なボールが高価で販売されていたことを考えると、随分良心的な理念のもとに企業活動が行われていると感じるが、裏を返すと企業としての「地力」が備わっているからこそ、理念に基づいて生産活動が行えるとも言えるのではないだろうか。この長瀬ゴム社は、現在ではナガセケンコー社と名前を変え、軟式野球ボール、ゴムソフトボール、ソフトテニスボールと、レジャー化した軟式スポーツのための用具製造で多くのシェアを獲得している企業となっている[77]。

　そして、1949年（昭和24年）の第3、第4四半期に製造されたボールから、「自由販売化」が許可された。このことについて紙面では次のように紹介されていた。

　　公定価の三倍以上の闇値で取引され、しかも不足して奪い合いとなっていたスポンヂボール、二倍位でも容易に手に入らないと言われていた軟式庭球ボールなどのゴム製品は当分自由販売が望めないとされていたところ、最近に至ってこれらゴム運動用品が漸次出廻って業者の中には死蔵を憂慮され、一方一般需要者には明るい希望を持つといった傾向にあったとき、別

図3-7　1949年（昭和24年）12月1日『日本運動具新報』「ゴム運動用品自由販売となる」

第3章　軟式スポーツの文化はいかにして作られたのか　83

項のようなゴム原料の輸入にも明るい見通しに好転を示し、遂に一五日を以てゴム製運動用品は自由販売へと解放されるに至った。[78]

　自由販売化へと至った背景には、ゴム原料の輸入状況が好転したことがある。1949年度（昭和24年度）の輸入ゴムは3万5千トンの予定であったが、1万トンの追加輸入が決定した。さらに、1949年（昭和24年）12月の時点で翌1950年度（昭和25年度）は4万5千トンの輸入決定に加え、屑ゴム1万トンの輸入も決定していた。[79] このように、ゴム原料の輸入量が増加し、安定してくるにつれて軟式ボールの販売も自由化され、より手軽に入手できるようになっていったのである。

　ここまで見た軟式ボールと統制の関係において『日本運動具新報』では、軟式ボールが持つ「大衆性」の側面が強調されている。それを受けて軟式ボールを安定供給することの意義を企業がどう捉えていたかについて読み解くことができた。また、他の競技種目についても同じような局面にあったことは想像に難くない。しかし、本章の「はじめに」で取り上げた『プロレタリア・スポーツ必携』の中に野球が取り上げられていることを踏まえると、戦前に野球はすでに大衆の中に見る・聴く娯楽としても、「レジャースポーツ」としても浸透していた。[80] 戦後の動乱の中で戦前以上に野球熱を高めるためには、いち早く野球がレジャーとして行えるようにする必要があり、そのために軟式ボールの生産、供給を急ぐ必要があったと言えよう。

物品税減免運動とオリンピック招致の機運

　さて、『日本運動具新報』の紙面を賑わせ続けてきたゴム製の運動用具の話題であるが、1949年（昭和24年）以降はめっきりと数が少なくなる。代わりに紙面に大きく割かれているのが、先に触れた物品税に関する減免運動の現況に関する記事だった。1949年（昭和24年）12月15日の1面には、「悪税

として喧々ごうごうの避難の魔ととなり怨さの声を浴びていた取引高税も明春（1950年）1月1日を期していよいよ消え去ることになり、一方これも国民負担を重くし、商取引に暗いかげを投げていた運動用品に対する物品税も僅かながら税率30パーセントから20パーセントに引き下げられることになって」いることが紹介された。この1950（昭和25年）年には軟式ボールの公定価格が廃止されるのであるが、以下の表に1941年（昭和16年）から1950年（昭和25年）までの軟式野球ボールの公定価格を示した。1946年（昭和21年）以降、物価の変動や原材料の入手状況に影響を受け、頻繁に改定されている。

時期	小売価格	備考
1941年10月	5円88銭	公定価格設定
1946年8月	45円84銭	改定
1946年11月	69円00銭	改定
1947年4月	78円72銭	改定
1947年7月	78円00銭	改定
1947年10月	168円00銭	改定
1948年10月	660円00銭	改定
1949年5月	588円00銭	物品税減税による改定
1949年6月	660円00銭	公定価格改定
1950年3月	公定価格の廃止	

表3-3 軟式野球ボールの公定価格（1941年［昭和16年］-1950年［昭和25年］）[82]

1952年（昭和27年）9月1日の3面には、日本卸商業会理事長の殿村敏雄が「当局の英断待つ[83]」と題してこれまでの請願運動を振り返りながら記事を寄せている。そのすぐ下にある編集部による記事はより強い「当局の猛省を促す[84]」という見出しで、「（スポーツは）言葉を変えれば生活必需品となっておるのが現状」だと指摘し、「スポーツ愛好家を国民全般に育成し、以って健全なる生活娯楽の奨励普及が先ず退廃せる国民道義の再興に役立」つと述べる。当該年度の国会が閉会した後も、翌年の国会に向けて請願を行うこ

第3章　軟式スポーツの文化はいかにして作られたのか　85

図3-8 1952年(昭和27年)9月1日『日本運動具新報』「物品税の免税に就て　当局の猛省を促す」

とが再確認されたり、通産省内部では廃止の方向で調整が行われたりしているという「飛ばし記事」のようなものも出たりしていた。

同時に、スポーツに対する機運の高まりを示す、1960年（昭和35年）に東京へオリンピックを招致するという内容の「五輪東京招致本格化　施設下検分着手」[85]という記事が掲載された。小売価格が下がっているとは言え、物品税の影響を受けているスポーツ用具には、ラジオや新聞とは異なってスポーツに対する機運のみが高まってもすぐに良い影響が出るわけではなく、人々がレジャーとしてスポーツを「する」ようになってはじめて業界に良い影響が出るようになる。このようなことも背景に、新聞記事は徐々に大会の結果やスポーツ施設の情報、スポーツ関連の会合や催しに関する情報を掲載していくようになる。

軟式ボール消費の変化

1953年（昭和28年）1月1日に発行された号では、「53年の見通し」として革、ゴム、木とそれぞれの原料ごとに見通しが示された。そのゴムボールの欄では、「他に復活した娯楽やスポーツの分野へこれらの野球熱の分散が見られ、本当に根っからの野球好きと熱狂的野球信仰の少年層が、ボール消費の大顧客になってきたようだ」[86]と述べられている。それを示すように、春と秋がボール消費のピークで、「夏休みはたるみ、冬来るの声でひっそり」[87]としてしまうという状況になっていた。

この背景には、軟式野球において「官僚的」な組織が都道府県単位まで整

備されていったこととともに、大会や試合の登録に関する事柄も管理されるようになった結果、軟式野球の「シーズン」が固定化されたことにあると考えられる。その統括組織である全日本軟式野球連盟は、1953年（昭和28年）4月1日に財団法人化が認可され、法人格を獲得した。

　ここではじめて、軟式野球はするスポーツとして整備されたことがわかる。言い換えると、現在のように青少年に向けたスポーツとしての輪郭を表すようになったと言える。硬式野球は当時の中等学校（現在の高校）や高等学校（現在の大学）といった、進学して行うエリートスポーツであったのに対して、軟式野球は野球に憧れを抱く少年たちのためのスポーツであり、いつでも誰でもできる言わば「レジャースポーツ」としての位置を得たと言える。1948年（昭和23年）に「学徒の対外運動協議について」という文部次官通達が出たのちの数年は、「小学校児童の対外試合はまかりならぬ、中学校の生徒は県内の学校相手に限る、などというきびしい」状況が続いていた。[88]

　しかし、警視庁防犯課が主導し「防犯少年野球大会」[89]という18歳未満対象の大会を開いたり、1952年（昭和27年）を過ぎると中学校の野球が学校運動場の充実とともに盛んになっていったりと、通達をかいくぐるように「なんらかの名目をつけていろいろな大会が行われるようになった」[90]という。このように、少年たちの間での野球熱が高まり、それに呼応することで軟式ボールは地位を獲得していったことがわかる。

　それに応じて、1957年（昭和32年）には、「近時ボールの乱売甚（はなは）だしいため、今春申し合わせた協定価格の実施」[91]という申し入れをメーカー側が、公認ボール生産者と販売店で構成される「公認ボール協議会」にて提案している。これは1950年（昭和25年）に公定価格が廃止されてから7年目のことであった。翌年の1958年（昭和33年）2月には、新協定価格が決定したが、販売数を制限してでも価格維持することが明言されている。中には、「一方過当競争のために違反されるような場合には出荷停止の挙に出る腹も決めて

いる模様[92]」との記述もある。1950年より前は、適正な価格で良品を供給するということが、公定価格の設定により目指されていたのに対し、協定価格では出荷停止、つまり小売店を制限してでも価格を一定に保つことが主眼に置かれるように変化している。その意図や意気込みの大きさについては、次の記述から読み取れる。

> これは昨秋、一部の出血販売によって値崩れを来たし、ひいてはメーカーへの影響が及んだ結果、ゴムボールメーカー六社が寄々協議を重ねた結果、適正価格への復帰を求めるためになされたものであり、防止策と言われるもので、春シーズンの激しい需給期にあたって決定を見たものである。
>
> 一部の出血販売が新しい協定価格への踏み切りとなったのだが、とかくボールがおとり商品としてまた弥縫策（びほうさく）に供せられるのは需給範囲の広いせいもあるだろうが、メーカー側としては協定価格維持のためには販売量の減少も止むなきもとし、また場合によっては出荷停止の挙にも出る強行態度を以って臨むことにしたが、これは相互の取り扱いに万全を期し累（るい）を他におよぼさないためにうたれる手として止むを得ないのであるが、春シーズンを前にして円滑なる取引と商道の確立のために手抜かりないことを期したいとし、卸問屋側もメーカーとともに自重を望んでいる[93]。

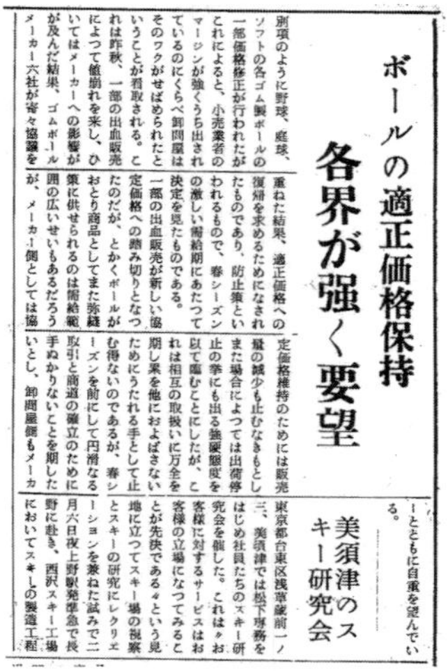

ボールの適正価格保持 各界が強く要望

別項のように野球、庭球、ソフトの各ゴム製ボールの一部価格修正が行われたがこれによると、小売業者のマージンが強くうち出されているのにくらべ卸問屋はそのワクがせばめられたということが看取される。これは昨秋、一部の出血販売によつて値崩れを来し、ひいてはメーカーへの影響がが及んだ結果、ゴムボールメーカー六社が寄々協議を重ねた結果、適正価格への復帰を求めるためになされたものであり、防止策といわれるもので、春シーズンの激しい需給期にあたつて決定を見たものである。

一部の出血販売が新しい協定価格への踏み切りとなつたのだが、とかくボールがおとり商品としてまた弥縫策に供せられるのは需給範囲の広いせいもあるだろうが、メーカー側としては協定価格維持のためには販売量の減少も止むなきもとしまた場合によつては出荷停止の挙にも出る強硬態度を以て臨むことにしたが、これは相互の取扱いに万全を期し累を他におよぼさないためにうたれる手として止む得ないのであるが、春シーズンを前にして円滑なる取引と商道の確立のために手ぬかりないことを期したいとし、卸問屋側もメーカーとともに自重を望んでいる。

美須津のスキー研究会

東京都台東区浅草蔵前一ノ三、美須津では松下専務をはじめ社員たちのスキー研究会を催した。これは〃お客様に対するサービスはお客様の立場になつてみることが先決である〃という見地に立つてスキー場の視察とスキーの研究にレクリエーションを兼ねた試みで二月六日夜上野駅発準急で長野に赴き、西沢スキー工場においてスキーの製造工程

図3-9　1958年（昭和33年）2月15日『日本運動具新報』「ボールの適正価格保持　各界が強く要望」

このように、紙面を割いてまで、協定価格の維持の「要望」を伝達し、強い意思表示が見て

取れる。だが、要望から3ヶ月後には「協定を厳守せよ」との記事が載り、もうすでに協定を破って価格を下げて売る業者がいることを憂慮し、業者も一枚岩になれず、市場の価格競争の走りのような状態が見て取れる。

軟式野球におけるレジャー化と高度化の様相

　1950年（昭和25年）前後は、世界的に東西の冷戦構造の影響を受けていた時代であり、スポーツに対する眼差しもその影響を受けていた。終戦初期の頃は「軍国主義的体育・スポーツ」から「民主主義的レクリエーション」へと移行していた。このことの現れとして本章の「はじめに」で触れた、GHQによる「民主的な野球」の促しがあった。その後、日本が西側諸国との結びつきが強くなるにつれて、「民主主義的レクリエーション」から、労働時間の画一化や週休2日制の検討などを受けた「福祉国家的スポーツ・レジャー政策」へと向かっていくはずが、そうはならなかった。1964年（昭和39年）東京オリンピック後に訪れた不況によって、「レジャー管理」という言葉が出現し、スポーツレジャーは世代間、ジェンダー間、職種間による格差を大きく孕みながら社会問題化していくのであった。

　こういった点を引きずりながら、少年の野球熱に応えるものと位置づいたはずの「軟式野球」は草野球として大人の「レジャー」になると同時に、レジャー政策の一環として推進された公園政策[94]とも一致してますますレジャースポーツとしての色を現代まで強めていくのであった。1957年（昭和32年）9月1日号の『新報』では、「駐留軍の足跡」と題して、論考が掲載されている。

　　戦終って12年過ぎた。この間にスポーツは戦前にも見られぬような
　　進展を見せた。このかげには、駐留軍のおかげというものも相当なもの
　　である。その駐留軍も今や徐々に引揚げている。（…）この帰還による用

具の売行におよぼすものは決して少いことではないだろう。（…）駐留軍にかわる自衛隊のスポーツは年々と隆盛に赴いてはいるが、駐留軍スポーツ人口の減少というものは万をもって算え、これだけはわが国土を去るのだから痛手とせねばならない。（…）[95]

　当時の日本が駐留していた連合軍から様々な文化や行動様式の面で影響を受けたことは想像に易い。とは言え、スポーツに限定して、それもスポーツ用具を卸したり販売したりすることに主眼を置いた新聞紙面において「万をもって」という表現で駐留していた連合軍の撤退に備える必要を示すというのは、日本のスポーツ用品市場への影響を大きく見ていることの証左であると言えよう。

　本章第1節で概観した、軟式ボールの誕生に関する小史では、製造技術が未発達であるがゆえの品質の低さや、価格の高止まりが原因で、硬式ボールに代わって軟式ボールが製造されるに至ったことが明らかとなった。それに比して、本節で見た戦後復興期においては、物資のコントロールを受け、その影響で製造量や販売量が限られていた。そういった状況下で、税制面や原料の供給という面では行政、製造数や価格、品質の面では製造、消費者への迅速な供給という面では卸・小売とそれぞれが果たした役割が、大衆にスムーズに軟式ボールを供給する効果を発揮していた。このように、軟式ボールの灯りを絶やさずにつないだ結果として、レジャー化した大衆のスポーツとして受け入れられつつ、高度な大会も繰り広げられる状況が作られている。

　1966年（昭和41年）1月には、『週刊ベースボール』にて、「軟式野球が生んだ男」として、見開きの特集が組まれる。その特集では、当時中日ドラゴンズの選手だった小川健太郎、当時読売ジャイアンツの選手だった黒江透修が紹介されている。2人は、野球歴の中に「立正佼成会」[96]において軟式野球をしていた経歴を持つ。黒江は記事において「軟式だって馬鹿にできません

よ。やはり、毎晩、ナワトビやバットスウィングを、きちんとやっていなければ打てるものではありませんよ」と答え、回想的に軟式野球の高度化に言及している。

　その記事の本題は、軟式野球の現状を周知するものであった。記事は「軟式で得た貴い体験」、「草野球を育くむもの」、「グラウンド難を嘆く」、「我慢強さが人間形成」という4つの見出しで構成されている。それぞれで軟式がいかに「勘違いされているか」「冷遇されているか」ということに言及している。

　1974年（昭和49年）の『週刊ベースボール』では、「盛り上り見せる軟式野球ブーム」として特集記事が組まれ、これ以降6回にわたって連載が行われた。内容は、軟式野球の歴史、天皇賜杯に参加する実業団チームの特集、天皇賜杯の大会展望、その大会結果となっている。1974年（昭和49年）8月の記事は、以下の記述からはじまる。

　　　軟式野球――一般の"野球好き"にとって、硬球を使う野球は"見せる"要素が濃いのに対して、こちらの方は、むしろ"他人の目"を無視してプレーに打ち込む、文字通り"参加するスポーツ"である。（…）一説に軟式人口は一千万人、国民の十人にひとりが楽しんでいると言われる。[97]

　このように、硬式野球の、プロ野球が見るスポーツの定番として定着していく一方で、軟式野球は、「する」スポーツとして、つまり、レジャースポーツとして実施することがすっかり定着していることを指している。

　1966年（昭和41年）の軟式野球からプロ野球選手が輩出されたという記事と、1974年（昭和49年）の連載記事での裾野の拡大と高度化を示す記事からは軟式野球がレジャースポーツとして定着するとともに、着実に幅広い層を

第3章　軟式スポーツの文化はいかにして作られたのか　　91

含んだまま高度化を進めている様子が読み取れる。

第3節　軟式スポーツの発展を「スポータイゼーション」として読む

　前節までに、軟式スポーツの現状と歴史を確認してきた。その要点を改めて簡潔に整理しておくと、軟式ボールに対して歴史的に与えられた「安全」、「廉価」という性質が、学校体育との結びつきが現在まで残る中で、「入門」、「大衆」、「レジャー」というイメージとして再生されてくる様が見えた。

　軟式ボールの誕生を紐解く中で取り上げた、ソフトテニスボール、軟式野球ボール、ゴムソフトボールのいずれの資料からも、ゴム製である軟式ボールは日本で考案、製造されたこと、それに伴って競技も広く行われ、競技の裾野を広げるとともに、普及と発展に寄与して来たことが事実として認められる。同時に、硬いボールを使用するという競技に内在する危険の排除も軟式ボールに期待された点の1つであることも読み取れる。また、軟式野球ボールを製造するにあたっては、軟式ボールの中で最初に考案されたテニスボールを基に考えられているということも読み取れる。

　また、戦後の軟式ボールの展開を軟式野球に着目して読み解く中では、少年少女のスポーツであった軟式野球が、大人も包含した大衆に向けた「レジャースポーツ」として展開すると同時に、競技団体や大会が整備され「高度化」していく様相も見られた。

　このような議論を踏まえ、本章の最後に、軟式スポーツの誕生と軟式ボールの展開に関する歴史的検討とその整理について、社会学的分析を試みたい。

　この試論にあたり、第1章での議論の到達を踏まえ、ノルベルト・エリアス（Norbert Elias）が提唱した、「興奮の探求（quest for excitement）」を手がかりとして考える。エリアスは、『スポーツと文明化』において、現代社会においては「人間に対する傷害を最小限にくいとめることで楽しい戦いの興奮

92

を生み出せるような想像上の状況のなかで楽しく演じられる戦いを供給」することで「興奮の探求」を担保していることを発見した。この点は、「暴力のコントロール」と相互関係的に、イギリスにおける遊戯がスポーツとして変化、普及、伝播したことを説明した理論である「スポータイゼーション（sportization）[98]」につながるものである。

　例えば、吉村・丸山論文や飛田の記事から読み取れたことは、ソフトボール発祥の地アメリカにおいて、ソフトボールの前身だと言われる「インドア・ベースボール」や「プレイグラウンド・ボール」と言われる競技が、「ベースボール」に対する多様化の波から誕生したように、野球やソフトボールの受容と時期を重ねるようにして、用具を変化させた類似するスポーツが考案されたり、女性や子供など、より対象に合った競技や用具を考案したりした。言い換えると、アメリカにおいてソフトボールの祖先が誕生したきっかけと同じ現象が、野球が日本に伝来した時に見られたということである。このことは、新たなスポーツの誕生と受容のダイナミズムを考察する上で、エリアスの「スポータイゼーション」概念に関わって非常に重要な部分であると言える。

　そこで、本節においては、軟式スポーツの文化的な特性を把握するために、社会学的な理論フレームを援用して分析する。中でも、本節ではエリアスの「スポータイゼーション」を用いて、軟式スポーツを構成する集団を、学年や年齢、性別といった区分などの要素から検討を試みたい。

新たなスポーツ文化を読み解くための「スポータイゼーション」

　簡潔ではあるが、エリアスが示した「スポータイゼーション[99]」とは、イギリスにおける初期の娯楽がスポーツとなる長大な歴史プロセスを理論化したものである。その歴史プロセスを振り返ってみると、イギリスにおいて狐狩りのような初期の娯楽が、議会制度の成立や産業化の進行、マナーの身体

化といった形で社会の文明化が進行し、それまで娯楽であったものにルールが制定されていく。つまり、社会の文明化は娯楽にもルールの適応を求め、これまでのように生命を賭けて戦ったり、狩りの成果を過度に求めたりするあまり露骨な暴力の行使や表象が制限されるようになる。

　しかし、娯楽へのルールの適応は、単に暴力的なものを抑制したり、娯楽に参加する人間の感情や情動を抑圧したりするものではなく、戦いにおける駆け引きや、狩りを犬に委ねるというように、娯楽に参加するプロセスや手間を楽しむものへと変化していった。中でも、エリアスが注目する変化が「興奮」であり、スポーツが担っているのは、現代社会において制限された露骨な暴力の表現やその快感を「模倣（mimetic）」して体感することである。

　エリアス自身は、単に遊戯がスポーツへと昇華する「娯楽のスポータイゼーション」のみならず、18世紀から19世紀にかけて発展した「競技大会」の形式は、世界中の様々な社会に広まったことも指摘し、「競技大会のスポータイゼーション」であると述べた。

　松井良明（2015）は、ヨーロッパ球技のグローバル化について、「それ（ヨーロッパ球技）が「スポーツ化」し、「ゲーム化」し、そして「運動競技化」するという近代化のプロセスを経ることが前提となった」と述べる。[100]

　また、エリアスの議論を基に研究を行ったジョセフ・マグワイヤ（Joseph Maguire）は、エリアスのスポータイゼーションをグローバリゼーションとの関わりから発展的な議論を試み、「グローバル・スポータイゼーション（global sportization）」を提示した。マグワイヤの「グローバル・スポータイゼーション」とは、スポーツとそれにまつわる人やモノなどがグローバルに伝播、移動、普及する様相をエリアスの文明化過程論に依拠して把握を試みたものである。

軟式スポーツにおける「正当性」をめぐる闘争

　それでは、軟式スポーツの歴史プロセスを「スポータイゼーション」の潮流として見ると、どのようなことが言えるのだろうか。軟式ボールの誕生を硬式ボールからの分化として位置づけた時、軟式スポーツはテニス、野球、ソフトボールの日本における受容に際する変容であると捉えることができる。言い換えると、テニス、野球、ソフトボールが日本に伝播してきた時の社会状況や運動文化の形態に影響を受ける形で、「軟式化」するという「発想」が誕生したと言える。永井良和は「軟式化」について次のように述べる。

　　スポーツの軟式化にも、通じるところがある。安全で安価、場所もとりすぎない。結果的に多くの参加者を受けいれやすくなる。硬式種目こそ世界標準だと決めつけている人は、地球の半分しか視野に入っていない。アジアをはじめ、途上国では軟式の競技がけっこう普及しているのだ。(…) だとすれば、日本発の軟式種目も、世界に貢献する可能性を秘めているといってよい。いや、その可能性を信じ、普及に尽力してきた人びとは、すでにたくさんいる。むしろ、公的な評価や支援がじゅうぶんでないのだ。[101]

　もちろん、既存のスポーツが軟式化される社会状況には、硬式ボールの製造に必要な牛皮などといった材料と軟式ボールに必要なゴムなどの材料の供給状況の比率や、当時の公園行政、スポーツ環境整備、教育行政など、様々な要素が複合的に絡み合っている。日本における近代スポーツの歴史は、教育現場への伝播と涵養によって成立した過程が多くの競技で見られるということもあり、スポーツを取り巻く社会状況には教育分野が関係する比率が大きいと考えられる。とりわけ、軟式野球に関しては、ボールの原料となる生ゴムを含む様々な物資が、戦時資材として使用され、一般の使用停止や制限

第3章　軟式スポーツの文化はいかにして作られたのか　　95

がなされていたこともあり、「軍需工場などには大勢の若者が働いていて、軟式野球が広く行われており、これらの若者たちの健全娯楽を奪うことは、生産意欲にもかかわるという配慮から、少量の軟式野球用ボールの製造は許されることになった[102]」という事実がある。このように、戦況の悪化に伴って生ゴムの配給は縮小されていったものの、戦中には軟式野球は確実に国民の娯楽として浸透していたことが明らかである。

だが、ボールの製造技術やプレイ環境が一定程度整備され、チーム数も豊富になった現在においてなお、軟式スポーツの規模がこれだけ大きいという事実は、軟式スポーツがはじめられた当時に与えられていた、硬式をプレイするに至らない層へのアプローチのためという名目や、硬式ボールに比べて製造が容易であるという名目では、軟式スポーツを語ることを不可能にしていると言えよう。現在において、軟式スポーツは「正当性」を持った「するスポーツ」として機能している。

このような状況を分析する上で、エリアスのスポータイゼーションをグローバリゼーションとの関わりから発展的な議論を試みたマグワイヤのグローバル・スポータイゼーションを参考にしてみたい。

軟式スポーツの中でも、とりわけベースボール型競技の誕生と発展をマグワイヤのフレームに当てはめると、概ねこのモデルをなぞるように推移し、現在は第5段階（1960-1990年代）に位置していると言えよう。なぜなら、軟式スポーツのベースボール型競技においては、第4段階で、硬式と軟式に分化するのみでなく、それぞれで導入のための簡易ゲームや学校体育ソフトボールといった教材用ルールを用意するなど、カテゴリ、目的などに応じて分化したと考えられるからである。

ここから、遠心的にニュー・スポーツのように機能する部分と、求心的にオリンピックや国際大会向けに機能する部分が重なり合っている状況である。軟式スポーツは世界大会や全国大会といったハイレベルな競技大会が用意さ

れている一方で、レジャー色の強い大会や愛好家による試合など、草の根的なスポーツ活動も盛んである。

　しかし、2018年に、世界野球ソフトボール連盟（World Baseball Softball Confederation）は「Baseball 5（ベースボールファイブ）」という新たな競技を発表した。公式ルールブックには、次のように説明されている。

　　Baseball 5（B5）は、伝統的な野球やソフトボールのアーバン型である。若年層を対象とした、スピーディでダイナミックなスポーツであり、基本的なルールは野球やソフトボールと同じである。Baseball 5は、ゴムボール（rubber ball）さえあれば、どこでも誰でもプレイすることができ
　　(103)
　　る。

　Baseball 5については第5章で詳細に取り扱うが、この競技は、軟式ボールを使用した「手打ち野球」と表現することができる。言わば、ベースボール型競技のスターターゲームとして考案されたものである。この競技の登場は、マグワイヤのフレームによる分類からは逸脱する方向に作用する。なぜなら、このBaseball 5は、ベースボール型競技のスターターゲームとして位置する一方で、この競技単体でユースオリンピックの公式競技となり、高度化したパフォーマンスを発揮する道も残されているからだ。

　ここまで本節においては、軟式スポーツの歴史と現状について、理論フレームによる試論的検討を行った。その結果として、テニスから野球、ソフトボールという流れで軟式ボールが発展したこと、当初期待されていたミッションを果たした現代においても、軟式スポーツは相当な数の競技人口を有しており、一般に根づいていることと言える。そのことから、軟式スポーツの性格である、手の届く「レジャー」としての草テニスや草野球、草ソフトボールといったようなイメージが存在する。その一方で、軟式スポーツ界に

第3章　軟式スポーツの文化はいかにして作られたのか　　97

は、部活動を起因とする進学に伴う選手の移動や、テニスや高校野球のように管轄の違いに起因する他競技との差別化という競技ごとに固有の問題も見られた。

　まさに、先に示したような軟式スポーツに見られる位相ゆえに、軟式ボールが果たした役割、軟式スポーツの存在意義、軟式スポーツの文化的な特性を把握する困難が生じてきたと考えられる。本節では、この困難を乗り越えるためにスポータイゼーションによる考察を行ったものの、マグワイヤの提唱するフレームでは説明できない動きが見られることも確認できた。この点は軟式スポーツの新たな展開を可能にする萌芽であると指摘でき、まさに「正当性」をめぐる主張のぶつかり合いであるとも言える。

　たしかに、軟式は硬式に対して下位、もしくは従属的なイメージが持たれてきた。だが、その点をどのように乗り越えるかという課題が、軟式スポーツの文化的段階を進める上で重要な検討点になることが指摘できた。それらを総合して、軟式スポーツに元来付与されていた模倣的であるという特性に基づいた「安全」、「廉価」、「大量生産可能」といったミッションはすでに達成されたと言えよう。だが、今なお軟式スポーツが大衆に根ざしている理由に、現代における「興奮の探求」としての機能や、正当性をめぐる闘争が繰り広げられる「アリーナ」として機能しているということが言えるだろう。また、軟式スポーツがその機能を持つことは、近代スポーツを日本が受容する際にも、現在においても、再解釈を続けていることを示していると言えよう。

小括

　本章では、軟式ボール誕生の小史をボールごとに確認したのち、戦後の軟式ボールの展開について、『日本運動具新報』を中心に検討した。最後に、第1章で検討したスポータイゼーションの枠組みに依拠して、歴史的な展開

を再検討した。

　第1節での誕生時の歴史的検討を通じて、軟式ボールは日本で考案、製造されたこと、それに伴って競技も広く行われ、競技の裾野を広げるとともに、普及と発展に寄与して来たことが事実として認められた。同時に、硬いボールを使用するという競技に内在する危険の排除も軟式ボールに期待された点の1つであることも読み取れた。

　第2節では、戦後における軟式ボールの展開について、『日本運動具新報』を中心に、検討を行った。そこでは、戦前には少年少女のスポーツであった軟式スポーツが、生産のコントロールや拡大、税制の変化を背景にレジャースポーツとして大人も実施するものへと変化している様が確認できた。

　第3節では、軟式スポーツはベースボール型競技におけるスポータイゼーションの一側面であり、近代のスポーツを日本的に再解釈した結果の産物であることを確認した。しかし近年では、マグワイヤによるフレームには説明できない動きを見せる新たなスポーツ「Baseball 5」の登場なども影響し、正当性をめぐる闘争が繰り広げられる「アリーナ」として機能していることが言える。

　こうした本章の検討・作業を踏まえ、誕生時の軟式ボールが持つ「入門」の意味を実践していた少年たちという主体と、現在の軟式ボールが持つ「高度化」、「レジャー」を実践している主体で、時代の中で意味と主体が変化していることが確認できた。また、「安全」という意味は誕生時から現在までイメージとして持たれ続けていることも確認できた。繰り返しになるが、軟式スポーツは現代における「興奮の探求」を実践する場であり、文化としての「正当性」を主張する「アリーナ」であることも指摘できる。

　このような本章の議論の到達を踏まえ、次章では、スポーツ用具と「おもしろさ」の関係について、「スポーツ技術論」に重心を置いて検討する。そこから、トップアスリートと大衆のプレイヤー、それぞれに対する用具と身

体との関係を模索し、葛藤するような「闘争のアリーナ」としての様子の存在に迫る。

第4章　スポーツ用具とスポーツの「おもしろさ」の関係
──スポーツにおける「興奮の探求」に着目して

はじめに

第3章では、誕生時の軟式ボールが持つ「入門」の意味を実践していた少年少女たちという主体と、現在の軟式ボールが持つ「高度化」、「レジャー」を実践している主体で、時代の中で意味と主体が変化していることが確認できた。また、「安全」という意味は誕生時から現在までイメージとして持たれ続けていることも確認できた。さらには、軟式スポーツは現代における「興奮の探求（quest for excitement）」を実践する場であり、文化としての「正当性」を主張する「アリーナ」であることも指摘できた。

これは、軟式スポーツにおける「興奮の探求」が形成される過程と言いかえることができるのだが、軟式スポーツにおける「興奮の探求」の内実は、軟式スポーツが「レジャー化」し、「おもしろさや楽しさなどの内在的な価値をより手軽に、より強く享受するためのツール」として、安価に入手できるという性質を持っているのである。

本書の目的を改めて確認しておくと、「スポーツの構成要素である「用具」について、おもしろさや興奮といったスポーツが持つ内在的な価値にいかに関わっているのか、それらを人々がどのように受容し、発展させてきたのかということを明らかにする」ことにある。この目的と、スキルの分類と用具の分類がいかにスポーツにおける「興奮の探求」と関わっているか、という課題を合致させると、スポーツが持つ内在的な価値としての「興奮の探求」がいかにして生成されるのかということをスポーツ技術論の観点から検討する必要があるということになる。

101

谷釜尋徳（2021）は、「ボールゲームが流行し、人々がより高度なパフォーマンスを求めるようになるにつれて、スポーツ用具を製造するテクノロジーも進歩」したと述べる。続けて、「歴史的に見て、スポーツ用具の開発によってプレイヤーの技術が高度になり、逆に運動技術が高くなるに連れて用具も改良」が重ねられたとしている。谷釜は著書『ボールと日本人』において高度化した部分のみならず、大衆のスポーツも議論に含んでいることを考えると、スポーツ用具の開発とプレイヤーの技術の高度化、プレイヤーの技術の高度化とスポーツ用具の改良には大衆の存在が大きく関わっていると推察される。

　そこで本章では、スポーツ技術に関する理論的な議論を足がかりに、スポーツの中において用具が果たしてきた役割を明らかにする。そこでは、軟式ボールから少し離れ、ランニングシューズや水着など様々なスポーツ用具の検討から出発する。その作業により、スポーツ用具が現代のスポーツの中で持つ意味を読み解くための視座を構築することを目的とする。

　例えば、現在のマラソンの世界記録は、2018年9月16日に開催されたベルリンマラソンの2時間1分39秒である。この記録を出したケニアのエリウド・キプチョゲは、2019年10月に非公式ながら1時間59分40秒と、2時間を切る「人類最速」のタイムを記録した。キプチョゲは、ナイキ社のシューズである「ズーム X ヴェイパーフライ ネクスト％」（以下、ヴェイパーフライ）を着用している。

　2020年1月2日から3日にかけて開催された第96回箱根駅伝では、区間賞10人中9人がヴェイパーフライを着用しており、大会全体で見ると出場選手210人中、177名の選手がヴェイパーフライを着用していた。このヴェイパーフライは、外見はソールと言われる靴底の部分が厚くなっている。構造としてはその中にカーボン製の板が入っている。それが走る時の力を受け変形し、もとに戻ろうとする力で大きな推進力を生み出すというものである。

その後、2021年東京オリンピックを控えて、ヴェイパーフライをめぐる報道が繰り広げられていく。2020年2月1日の朝日新聞朝刊の社会面に「ナイキ厚底、条件つき容認　東京五輪」という見出しがつけられた記事が掲載され[6]、同じ日の朝日新聞夕刊の社会面には「ナイキの厚底靴、「4センチ以下」ルール　五輪に使用可能　世界陸連」という、朝刊より詳細な内容の記事が掲載された[7]。翌2月2日の朝日新聞朝刊のスポーツ面で「厚底シューズ、五輪も駆ける　世界陸連、市販品は原則ＯＫに」という見出しの記事が掲載された[8]。

　この一連の報道は、ヴェイパーフライがオリンピックで使用可能かどうか、というオリンピックにおけるスポーツ用具の使用可否に関する報道の一部である。この他に、テレビのニュース番組、スポーツ番組、ワイドショーなどでヴェイパーフライの使用可否は話題となった。

　なぜ、ヴェイパーフライの使用可否が新聞やテレビにおいて話題になったのか。人間が走るための用具としてヴェイパーフライが存在しているのか。それとも、ヴェイパーフライは人間を速く走らせるための装置なのか。このような2つの点をめぐって、使用の可否が議論になると考えられる。

　山本敦久（2020）は、ヴェイパーフライがもたらす「ポスト・スポーツ」への視座として、①ケニア人ランナーのような前傾姿勢を維持しつつ爪先着地によって推進力を得ている動作を再現しやすくすること、②その動作の汎用性を高めるためにビッグデータを活用して走り方に関する情報を「グローバルな身体知」として集積している、という2点を挙げている[9]。

　山本が検討を重ねている「ポスト・スポーツ」の視座は、これまでスポーツする身体は「規律訓練」の対象であったが、ビッグデータにより身体が「制御」の対象となることを示している。この視座から、ヴェイパーフライは、ケニア人ランナーが持っている長距離を速く走る技術を、履いた人が誰でも再現できるように作られた用具であると言える。山本はこのことを、

第4章　スポーツ用具とスポーツの「おもしろさ」の関係　　103

「近年のマラソンの高速化は、先端テクノロジーによって開発されたシューズ＝機械とランナーの足という部位が接続されてはじめて実現されている[10]」と説明する。

このようなスポーツ用具に関する問題は、ヴェイパーフライ以前にもあった。2008年北京オリンピックの競泳で世界記録を数多く樹立することに貢献した、スピード社の水着「レーザーレーサー」に関する問題[11]が挙げられる。当時、男子100m平泳ぎの日本代表選手だった北島康介は、北京オリンピック前のジャパンオープンで「泳ぐのは僕だ」と書かれたＴシャツを着て会場に現れた。これは当時、「水着に泳がされている」、「着て泳げば世界記録が出る」などという声が挙がっていたことに対して、出場選手の多くが同じレーザーレーサーを着ることになる中で、勝敗を決めるのは水泳選手としての身体を作った自分自身の泳ぎだということを主張するパフォーマンスであった[12]。

このように、今日ではスポーツする主体と用具の関係はより複雑化しており、用具の影響でスポーツのルールや環境に変化を迫ることも見られる。また、用具に対して制限を課すことも少なくない。まさに、用具の発展とスポーツする主体の間で、「政治性」を帯びたせめぎ合いが起きていると言える。その政治性は次の2つの問いに整理される。

まず、スポーツをする主体としてのプレイヤーは、用具を使用しているのか、用具に補助されているのか、はたまた用具にプレイさせられているのだろうか。次に、こうした用具は、高いパフォーマンスに結びつく技術を大衆のスポーツ愛好者へ広めることに貢献しているのだろうか。

これらの問いに迫るために、スポーツ技術に関する議論を援用する。スポーツ技術論は、スポーツするスキルについての議論と、スポーツにおけるテクノロジーの関係についての議論がある。まず、スポーツ用具とそれを使用するスキルの分類を整理する。次に、テクノロジーの進化によりスポーツ

が記録の追求を重んじ無機的・人工的な人間を作ってしまうという議論を、近代スポーツの性質を再確認しながら浮き彫りにする。そして、スキルと用具の発展の関係を、大衆化と高度化を両立するというスポーツとテクノロジーの関係についての視点から検討する。最後に、今日のスポーツ用具が、身体をスポーツ化するための装置としての側面を持つと同時に、「自然な身体」という幻想を解体し、パラスポーツのように用具と人間の新たな関係を作り出していることを確認する。それらにより、スポーツ用具の変容が近代スポーツに包摂される主体を多様なものにすると同時に、主体そのものの性質を変容させてきたという二面性が存在するという視座を、スポーツ用具が現代のスポーツの中で持つ意味を読み解きながら、提供する。

　それでは、まず、次節においてスポーツ用具とそれを使うスキルの分類を整理し、スポーツ技術論が議論の対象にしているものを確認する。

第1節　スポーツ用具と技術の分類
──スポーツ手段とスポーツ技術の議論を導きに

金井淳二のスポーツ手段論におけるスポーツ用具の分類
──ツールとしてのスポーツ用具の分類

　一口に「スポーツ用具」と言っても、ボールのように自分の身体を使って自由に動かせるものや、ボクシンググローブのように身体の使い方を制限したり限定したりするもの、サッカーゴールのように設置して使用するものなど、様々なものがある。

　具体的なスポーツ用具の分類は、金井淳二（1986b）により自然環境や設備も含めて「スポーツ手段」として分類されたものが包括的かつ網羅的であるので、以下に提示しておく。

　金井による**表4-1**の分類では、スポーツにおける身体以外の必要な物や条件が「スポーツ手段[13]」としてまとめられている。

第4章　スポーツ用具とスポーツの「おもしろさ」の関係　　105

スポーツ手段	一般的スポーツ手段	土地、河川、山岳、湖沼、海浜など		
	直接的スポーツ手段	制御的スポーツ手段	道具	ラケット、バット、ボールなど
			非道具	コート、ネット、グラウンドなど
		動力的スポーツ手段	競馬・乗馬の馬、棒高跳びのポール、弓など	
	間接的スポーツ手段	照明、シャワー、ベンチなど		

表4-1　スポーツ手段の分類[14]

　まず、「一般的スポーツ手段」は、スポーツに必要な自然環境を指す。自然環境は必要条件としてのみならず、風、波などのように、時には勝敗を決めてしまうような、運の要素として、作用する性質も持ち合わせている[15]。

　次に、「直接的スポーツ手段」は、2種類に分けられる。1つは、「制御的スポーツ手段」として分類され、さらに道具と非道具に分けられている。道具はラケット、バット、ボールなど身につける、もしくは手に持って使用する用具を指す。非道具は、コート、ネットなど、直接スポーツを行うための設備を指す。2つ目には、「動力的スポーツ手段」として、競馬や乗馬の馬や棒高跳のポールなどの身体を移動させる道具を分類している。最後に、「間接的スポーツ手段」として、照明、シャワー、ベンチなど、スポーツすることを間接的に支える設備、施設などが分類されている。

　金井はこうしたスポーツ手段について、「スポーツ手段はどんな身体運動をどのように行うかを、あらかじめ頭に描いて取捨・選択[16]」するものであると述べる。そして、「①合目的的活動としての身体活動そのもの、②身体運動上の満足やよろこびを、時間と空間の観念のうちに対象化した、一定の運動様態としてのスポーツ対象、③その助けを借りて人間が身体運動を行う物質的なスポーツ手段[17]」を契機に「スポーツ過程」、つまりスポーツを実施する一連の流れを説明しようとする。金井はその背景について、以下のように述べている。

　　人間はさまざまな労働と生活の経験で培った自らの精神的・肉体的諸

能力を客体化させ、それへの働きかけの過程でまたそれを主体化させる。労働と社会の生活経験の豊かさの中でスポーツ過程は無限の発展を目指していくのである。

　その点で、スポーツ過程は人間の合目的的活動（身体運動）が、スポーツ手段を媒介として、身体運動を加工し、変化させる過程であるということができ、身体運動への可能性への無限の挑戦過程であるということができよう。スポーツ手段を使って、また、スポーツ手段を創って働きかけることがスポーツの特徴であり、この過程に根拠を与えている[18]。

　金井のこの説明を言い換えると、身体運動を「文化的活動としてのスポーツ」として成立させるのは、道具や環境など、スポーツに必要な要素を広く包含したスポーツ手段の存在に他ならない。こうして、スポーツ手段を使って身体運動をその成果として「パフォーマンス」へと変換していくのである。

　金井は、このような検討を行うにあたっての問題意識を、以下のように設定している。

　　技術が労働過程、生産過程の全体に関係してその中核に位置付けられたのとは違って、プレイ場面という、いわばスポーツ過程の全体から見ればその中心であるが部分に過ぎないものの中に狭く位置付けられたのであるから、そうした技術を問題にすればするほど、スポーツは一層プレイそのもののなかに閉じ込められて理解されてこざるを得ない。そうでないとしてもその場合のスポーツは、諸現象のたんなる総合として理解されるだけである[19]。

　ここからも読み取れるように、金井の議論の主題は、スポーツ技術をプレイ場面のみならず、社会的なスポーツのあり方の文脈に位置づけ、人々がス

ポーツ手段やスポーツする環境を選択し、パフォーマンスを発揮する構造を明らかにすることだった。言い換えると、広範な「スポーツ過程」の解明に他ならないのであった。

菅原禮らによる「スポーツ技術論」——スポーツ用具を使うスキルの分類[20]

　菅原禮（1984）によると、スポーツ用具は「技術を具体化する」、「状況を作る一要素である」、「それなしでは不可能な高度な技術を可能にしたり、技術の遂行を助けたりする」、「技術を制限する」、「変化が新しい技術を発明する契機となる場合がある」ものである[21]。これらは、スポーツ用具がスポーツにおいてどのような役割を果たしているかを列挙したものである。

　菅原は、スポーツ技術を概念化するにあたって、「ここでいう技術は、人間の生物学的資質と自然の法則だけでなく、スポーツ・ルールなどの行動規範によっても制約されている1つの特殊な文化形式[22]」であると述べる。そして、「このような技術は学習によって習得される行動と行動の諸結果との総合体であり、その構成要素が1つの社会のメンバーによって分有され、伝達されているという事実によって、それを文化として捉えることもできるし、
樺俊雄[23]のいうように技術は文明や文化を形成する過程そのものである[24]」とも言えるとする。その上で、菅原は「技術を文化として扱っていく[25]」と述べる。

　こうした観点に立つ、菅原（1984）と橋本純一（1984）は、スキルとしてのスポーツ技術の観点から状況的道具と補助的道具をどのように操作するのかを分類している。菅原によると、これらの道具は「主体によって操作されない、状況的道具[26]」と「主体によって操作される、補助的道具[27]」と分類される。スポーツの用具を操作するスキルは、菅原らによって以下のように分類されている。

身体を道具として使用し、操作するスキル	a.安定性：平衡を維持する、戻す能力
	b.動き：身体の空間的移動、有利な位置への移動
外在的、客観的に存在する道具を操作するスキル	身体を道具として使用、操作するとともに客観的に存在するものを操作する
	道具を保持、操作するとともに、客観的に存在する物（道具）を操作する

表4-2　スポーツ用具を操作するスキルの分類[28]

　以上の分類では、大きく分けて2つのスキルを取り上げている。1つは、身体を道具として使用し、操作するスキルである。言い換えると、身体をどのように動かすかというスキルと言えよう。菅原は、この技術は基礎的運動様式の中の移動系（locomotion）と平衡系（stability）のカテゴリに属していて、スポーツにおける基本的な第1次的スキルであるとした。言い換えると、目的達成のために、自分の身体を道具として使用するスキルである。例えば、体操競技の床や鉄棒、跳馬などは、固定した道具との関連の中で、自らの身体をどのようにコントロールするかといったスキルが求められる。つまり、バランスを取る、歩く、走る、飛ぶ、着地する、止まるなどの動作が該当する。またこの身体を道具として使用・操作するスキルは、安定性と動きという2つの要素からなる。安定性は平衡を維持する、バランスが崩れた状態から平衡に戻す能力を指す。動きは、身体の空間的移動、有利な位置への移動を指す。

　2つ目は、外在的、客観的に存在する道具を使用、操作するスキルである。これは、金井の分類で言う「直接的スポーツ手段」を外在的、客観的に存在する道具と定義し、目的達成のために道具（固定されていない道具）を合目的的、経済的に操作するスキルのことである。このスキルは、身体で道具を使うためのスキルと言えよう。菅原は、このスキルは補助的道具を保持しながら外在的・客観的に存在する道具を操作するもので、スポーツにおける第2次的スキルと位置づけた。[29]　それは、基礎的運動様式において「巧みな操作」

に属しており、身体を道具として使用・操作するスキルにおける安定性や動きよりも遅れて発現する。さらに、ここには、2種類の分類がなされている。

1つ目の分類として、身体を道具として使用・操作するとともに客観的に存在するものを操作するスキルである。ここでは2つの例を挙げる。

まず、ボールのように常時保持され続けることのない道具を操作する場合に発揮されるスキルである。球技は、ボールを1名のプレイヤーのみが保持し続けるというプレイは存在しない。必ず、自らが触れるボールは他の誰かによって投げる、蹴る、止めるなどの動作が行われた結果である。

次に、常時手に保持し続ける（客観的に存在する）道具を使用、操作するスキルも考えられる。竹刀やサーベルなどが挙げられ、打つ、突くなどの動作が含まれる。剣道やフェンシングなどの剣術競技では、打つ、突くと言ってもまるで剣で対戦相手を切るように打ち、刺すように突く動作となる。

2つ目の分類として、道具を保持・操作するとともに、客観的に存在する道具を操作するスキルがある。これは、1つの道具を特定の方向に移動させる目的で、手中に保持している他の道具または補助的道具を操作するものである。ここでも2つの例を考える。

まず、「捕る」動作が挙げられる。野球においては、グローブという補助的用具を使用することで、手を保護し、素手では捕らえられないスピードや硬さを持つボールをも捕えることができるようになる。グローブは、守備位置によって形やサイズが多様であり、投げられた強い送球を受けるために大きい形のものや、打球を早く処理するために小さく作られたものなど、発揮する技術に合わせて形を変えている。

次に「打つ」動作が挙げられる。野球やテニスにおいてボールを打つ目的で、手・腕を振るという補助動作と、手中にある道具（補助的道具としてのラケットやバット）を他の道具に当てるという動作の組み合わせから、ボールを高速に動かすことができる。この動作で打つボールは、ラケット競技の

サーブを除いて、打ち返しにくいように仕向けられたものを打ち返すための操作のスキルが求められる。それは、ただ高速な打球であるだけではなく、回転や変化、位置などを合わせたコントロールをラケットやバットを通じて行っている。

　菅原は、このようなスキルのもとに用具を使いこなしてスポーツを高度化することに対して、「スポーツ技術には、自然の法則、バイオメカニクスに関する法則等の支配を受けることにより、新しい技術の開発や記録の更新をもたらすような明るい楽観的な局面とスポーツそれ自体を破壊に導くような悲観的な局面を同時に内包している因果論的構造を示す側面[30]」と、「スポーツの伝統的慣習や明示的、黙示的スポーツルールなどを含むスポーツ規範としての整合型の制約を受けることにより、客観的に妥当な合目的的な手段としての技術を選択することを可能にする人間中心的な考え方に基づく目的論的構造を示す側面[31]」という、2つの側面が同時に存在すると述べる。つまり、記録の向上に起因して、それを喜びつつもそれに向かうことで人間的な側面が棄却されて記録を追求するだけの「機能主義」に陥る側面と、スポーツの持つルールや慣習などの文化的要素に起因して、合目的的な手段を選択する「人間中心的」な側面があると言える。

　ここまでは、金井の議論からは、広範な「スポーツ過程」を構成する、スポーツ手段としての用具の分類と、菅原らの議論から「機能主義と人間中心的な2つの側面を持つスポーツ技術」を構成する、スポーツ用具を操作するスキルの分類について整理してきた。金井と菅原の議論は、両名ともスポーツ技術を細分化して検証することで「機能主義化」が加速することに対して警鐘を鳴らし、文化としてのスポーツを把握するためには、技術それ自体が文化により構成されたり、文明が変容する過程で影響を受けて変容したりするものであるということを述べるものであった。

　次節では、テクノロジーの進化がどのようにスポーツの変容と関係してい

るのかということについて、スポーツする身体に着目してきたこれまでのスポーツ技術論の議論を紐解き、近年のスポーツとテクノロジーに関する議論と対照する。それにより、用具の進化と情報技術の進化がスポーツする身体に与える影響の連続性／非連続性が確認できると考えられる。

第2節　テクノロジーがスポーツに与えた影響

記録の測定とテクノロジーの進化

　近代スポーツにおけるスポーツのスキル発揮の結果としてのパフォーマンスは、記録として計測され、蓄積される。例えば、野球では遠投の距離や一塁到達時間などの数値が挙げられる。こういった記録の測定は、テクノロジーの進化により実現されてきた。

　中村敏雄はスポーツタイマーの測定単位の変化をきっかけに、近代スポーツが持つ自然的な要素と人工的な要素の両面について議論を行っている[32]。

　スポーツタイマーの測定単位は、分から秒へ、1/5秒、1/10秒、1/100秒とより細かく、精度の高い測定がなされるように変化してきた。中村は、スポーツにおける測定単位の変化は、18世紀から19世紀にかけて生じたスポーツの「「賭け」からの近代化」と関連があると指摘する。スポーツが賭けの対象として捉えられる時、勝つ選手に賭けるためには、「競技能力に関する正確な情報だけが必要かつ重要」であり、「競技者の人間性に関わる「裕福な」とか「物ごしの静かな」などという情報は地位や身分とともに不要なもの[33]」である。ここから、スポーツが賭けとの関わりの中で人間性に関わる情報を削ぐことからはじまり、スポーツの近代化の中において次第に記録に意味を帯びさせていったことが考えられる。「記録が意味を持つ」ためには、各人の持つ記録を比較できるように統一された基準で測定されるということになる。それを可能にするために、どこでも同一の距離で、走路は

112

傾斜なく整地されているなどという「競技空間」の統一や、どこでも同じ水準のタイマーで計時の手順を同じにするといった「競技方法」の統一が必要であった。

　19世紀中頃から後半にかけては、短距離、中距離、長距離と種目が細分化され、競技空間も道路から競技場となり、レース結果も1/5秒の単位で測定されるようになった。時期を同じくして、スポーツは「アマチュアリズム」が強調されるようになり、公的には賭けの対象から外され、客観的に測定された記録を競うようになった。このことは「力くらべが自然から遊離し、日常的な生活空間のなかで行われる《遊戯》から非日常的な「競技空間」で行われる《競技》へと変質することを意味[34]」する。つまり、中村敏雄の主張を整理すると、遊戯のレベルでは「どのような人か」という人間性に意味があったものが、賭けとの関わりを経て競技へと変質する中で「どのくらいの速さか」という記録が意味を持つようになり、やがてはその記録を競うことへと変化したということである。さらに、中村は客観的に測定された記録を競うものとなったスポーツに関わる者、特にアスリートのあり方に、決定的な変化をもたらしたと主張する。はたして、このような中村の主張は、どのようなものなのか、次項でさらなる分析を試みたい。

スポーツにおけるテクノロジーの進化による人間の機能主義的性質の拡大

　1972年のミュンヘンオリンピックの水泳競技男子400m個人メドレーでは、1/100秒まで1位と2位が同着であった。この大会は公式タイムが1/100秒で発表されるため、両者は同着1位になるはずだった。しかし、計時に1/1000秒を測定できるタイマーを採用していたことから、両者の着差は2/1000秒あったことが明らかとなり、順位がつけられた。協議ののち、この順位は無効となり両者同着1位となるのだが、2/1000秒という差を計測してまで順位を決めようとするのは、その差による順位に「何千ドル」という外的な価値

が付与されていることに起因する。そこからは次のようなことが考えられる。

　　現代の「0.1秒」が「何千ドル」にも換算されるレースに出場する選
　手たちは、ただ早く走ることができる「ランナー」としてだけ登場し、
　彼らが肉屋のせがれであるとか、小さい時は泣き虫であったとか、黒人
　であるがゆえに差別されたこととかの人間的なものの一切が剥ぎ取られ
　ている。これらは、「ランナー」自身においても、また観衆にとっても
　不要のものであり、ひたすら「0.01秒」の記録を短縮し、勝者となるこ
　とのみが期待され、その期待に「何千ドル」もの金額が用意されている。
　したがってそのために「競技空間」は可能な限り無機的・人工的でなけ
　ればならず、しかも世界のどこで開かれる場合でも可能な限り同一条件
　のものとして設営されなければならないとされる[35]。

　つまり、「何千ドル」の価値を決めるためのレースであれば、その人物が
持つ「出自」や「人種」、「性格」といった情報は意味を持たないものになっ
てしまうのである。そこで唯一意味を持つのは、たとえ0.01秒の差であっ
ても、早くゴールしたという事実のみである。
　以上のような近代スポーツが無機的・人工的な競技空間を形づくる仕組み
や、記録を「0.01秒」でも短縮し、勝者を目指すことの仕組みを読み解くに
は、次の示唆が有効であろう。アレン・グットマン（Allen Guttman、1978＝
1981）は近代社会におけるスポーツの性質を「近代スポーツの指標」として
整理した（37頁、第1章 **表1-1**参照）。
　これらの性質は、今日のスポーツでも広く見られる。中村（2008）は、ア
メリカにおいてはスポーツ記録の「数量化」による「記録万能主義」により、
選手の能力が比較されることでスポーツにおける白人至上主義を乗り越え、
「平等化」の達成に寄与したことを指摘した[36]。しかし今日では、専門化され

たプレイヤーが求められるパフォーマンスを発揮するためのスキルを獲得、進化させることに合理化されたトレーニングに励むようになっている。

　例えば、棒高跳で用いるポールが竹やスチール製からカーボングラスファイバーで作られるようになったこと、着地点にソフトラバーを置くようになったことによって、従来のスポーツ技術では見られなかったパフォーマンスが見られるようになった。カーボングラスファイバー製のポールは、スチールや竹よりもまるで釣竿のように大きくしなり、選手を乗せてバーの向こう側へと運んでいくような動きになった。ソフトラバー製の着地マットは、背中からの着地による怪我、恐怖心を取り除くようになり、バーを越える瞬間に身体の中で引っかかりやすい臀部（でんぶ）を当てないように選手が仰向けからうつ伏せへと180度回転して着地体勢に入ることを可能にした。

　以上の例は、「科学技術の革新はスポーツの技術と記録を、さらにスポーツを見る観衆の関心や感動の質をも大きく変化させた[37]」ことを示す。その結果、専門化や記録万能主義の導入とその神聖視は「「競技空間」と「人間」を徐々に変質せしめ、近代スポーツのプレーとプレイヤーとしての「純粋性」を要求[38]」するようになった。その結果として「人工性、無機性が人間そのものにまで及ぶ[39]」ようになった。

　つまり、近代スポーツの主体である人間は、記録の追求を求められ、またそれに応えるためにテクノロジーを利用するようになった結果、その人物のストーリーや性格などの人間的な部分には光が当たらなくなり、人工性、無機性が前面に出てくるようになった。まさに、その意味で、スポーツ用具の発展は、スポーツする人間を機能主義的にしてしまう、と中村は主張している。こうした主張は、先に検討した、金井と菅原の危惧するところと共通する部分がある。

　テクノロジーの進化によるスポーツ用具の発展とそれを機にしたスキルの高度化はどのようなことをもたらしたのだろうか。次にそのことについて検

第4章　スポーツ用具とスポーツの「おもしろさ」の関係　　115

討を行う。

スポーツ用具におけるテクノロジーとスキルの関係
——「スポーツ技術論」のポリティクス

　テクノロジーの進化により近代スポーツの主体が人工的、無機的なものとなってしまうという中村の主張は、スポーツする主体がテクノロジーの進化に飲み込まれてしまうことを前提としている。テクノロジーの進化が影響してどのようなスキルが進化ないしは強調させられたのかをはっきりさせるという点において、本章第1節の金井、菅原らの分類は重要なものとなる。

　ただここで考えたいのは、テクノロジーの進化はスポーツする主体を飲み込んでしまうしかないのだろうか、という点である。ヴェイパーフライは速く走るためのシューズであるが、人間を速く走るスポーツマシンにしてしまうのだろうか。ヴェイパーフライを履く市民ランナーにとってみれば、次のような声もある。

　　　今日は走りたくないなあという朝も、あのシューズなら走ってもいいかなという気持ちになれる。1歩を踏み出す決心を後押ししてくれるんです。[40]

　これは、テクノロジーにより「発明」されたヴェイパーフライというスポーツ用具に、スポーツする主体の気持ち（この場合は、おもしろさに到達する前段階の億劫さ）を後押しすることを示した声であると言える。

　山下高行（1986）はスポーツにおけるテクノロジーとスキルの関係について、戸坂潤による科学の大衆化の議論を援用しながら、国民の側から技術問題を捉える際の基本的な視座を提示する。[41] それは、スポーツに関するテクノロジーの進化は、スポーツスキルのレベルとして裾野の下方に位置する大

衆を、高度化が進むスポーツスキルの先端に近づけていくような、高度化と
大衆化が統一されて実現されることが重要であるという主張である[42]。この
議論をスポーツ用具に援用すると、高度な技術を持つプレイヤーでなければ
使いこなせないスポーツ用具と、それ以外の大衆が使う廉価版、入門版と
いった用具の二項分類ではなく、大衆のスポーツ技術をより高度な技術に近
づけるための科学的な発明として、高度なスポーツ用具があるという捉え方
が重要になると言える。

　例えば、ヴェイパーフライは、定番商品としてカタログに掲載され、一般
ランナーも入手し、使用できる。言わば、タイムの遅い選手は速く、速い選
手もより速く走るためのシューズとなっている。タイムの速い選手は、
シューズをどう操作するかというスポーツ技術を身につけている。その一方
で、タイムの遅い選手は、山本の論点整理に示されているようにケニア人選
手が行っているスポーツスキルを体感でき、また他のシューズに履き替えた
後も、同じようなスキルを再現できるようになる。そこで大衆のスポーツす
る主体が再現する技術は、名誉や地位、賞金などと結びつかない、スポーツ
に内在的な記録更新や勝利への欲求、すなわち「おもしろさ」を充足するた
めに発揮される。言い換えると、商品を装着しスポーツしながらスキルを身
につける過程で、繰り返しの長い鍛錬や専門のコーチではなく、用具により
トップアスリートを「模倣（mimetic）」するのである。

　山下による、スポーツにおけるテクノロジーの議論は、高度化する科学に
よって生み出される新たなスポーツ用具に関する議論であるのみならず、
トップアスリートにより高度化されたスポーツスキルを大衆に理解、体感を
促すためのテクノロジーであるということを具現化する思想についての議論
であった。つまり、トップアスリートの記録更新のためや、エリートスポー
ツのさらなるパフォーマンス向上のために開発されたスポーツ用具は、いず
れ一般消費者に向けて販売されることが多い。それを購入することで、トッ

プアスリートのスキルを「模倣（mimetic）」し、今までに体感しなかったパフォーマンスを感じることができるのである。さらに言うなれば、新たなスポーツ用具はトップアスリートのスキルをレジャースポーツへと持ち込むことができるのである。

第3節　現代のスポーツと用具の関係

　ここまでは、用具はスポーツの技術を発揮する中では欠かせない存在でありつつも、近代スポーツの形式を担保するための条件として作用するあまり、スポーツする主体から人間性を削いでしまうという中村の主張を検討した。そして、記録の追求に純粋であるがあまり、人工的で無機的なパフォーマンスを行う機能主義的な主体へと導いてしまうような性質を確認した。しかし、山下による議論から見えてきたのは、トップレベルのスポーツスキルを大衆化するためのものであるという側面だった。

　また、佐伯年詩雄によると「スポーツは、初期の時代から決して生身の身体能力の競争ではなく、それにふさわしい用品・用具を使い、それをメディアとして身体能力を発揮し、競い合うもの[43]」である。そこから、スポーツ用具は身体能力をスポーツの結果として変換するためのものであるとも言える[44]。

　本章の「はじめに」で触れたヴェイパーフライやレーザーレーサーの事例に現れているのは、今日においてスポーツ用具は「プレイヤーがそれに合わせて身体能力を発揮するものとなり、しだいに身体をそのスポーツに適したものに導くメディア」になったということだろう[45]。言い換えると、「スポーツ用品が身体をスポーツ化する具体的なもの」となっていることを指す[46]。そこで形成される身体は、「スポーツ的身体」であり、今日では用具と身体の関係性は変化し、「高度化したスポーツ用品は、もはや用品ではなく「装

置」と呼ぶべきもの[47]」となっている。

渡 正（わたりただし）（2007）は、モータースポーツのフォーミュラ1世界選手権（以下、F1）における産業やテクノロジーの発展を要因とする、新たな車両テクノロジーや運転支援システムによって勝敗が決まるケースに言及し、「産業やテクノロジーを内在的に抱えるF1」は、「高度な技術の集積としてのマシンと、それを操るドライバーの格闘[48]」という、F1独自の要素を孕みつつスポーツの「一種の極限の地点[49]」を指し示す可能性を示唆した。ここでは、近代スポーツの多くは、競技と産業、技術が外在的な問題として関連させられていることと比較して、モータースポーツは、競技と産業、技術が内在的な問題として抱えられていることを指摘している。

このような議論をパラスポーツに用いて、渡（2013）は「障害者スポーツにおけるプレイヤーの身体」が「私たちがSF的世界で垣間（かいま）見る人工物と人が融合した姿[50]」のように見られると述べた。これは、パラスポーツにおける義手義足や車椅子などの必要な装具が、テクノロジーの進化によって選手の身体をまるでサイボーグのように見せてしまう役割を持っていることが、競技と産業、技術を内在的な問題だと指摘できることを述べている。パラスポーツが近代スポーツを超えて指し示す可能性は、「環境条件その他の人工物の統制された中での、人間主体による競争[51]」を変えることである。その可能性は、「人工物とヒトとの新たな関係性を楽しむ[52]」ことができるし、「ありもしない「自然な身体」の幻想を追い求める[53]」近代スポーツに対して新たな視座を提供する。ともすると、「自然な身体」という幻想を取り払うのみならず、近代スポーツが持つ「身体」という前提を解体し、人工物である「用具」という新たな前提から、近代スポーツの誕生と普及、スポーツ文化の解釈と再解釈のストーリーを再構成できる可能性があることが考えられる。

身体を前提とした近代スポーツとスポーツ用具の従来の関係とは、金井による「スポーツ手段」の議論であったり、菅原らによる「状況的道具」と

「補助的道具」の議論であったりと、人間がスポーツするためツールという文脈と、ツールやスポーツの競争に飲み込まれることへの危惧にとどまるのみであった。

しかし、現代の先鋭化したテクノロジーや技術開発が近代スポーツと結びつくと、本章の「はじめに」で取り上げた山本による「ポスト・スポーツ」の視座のように従来の関係とは異なる関係が生まれる。そのような関係の変化について渡（2016）は、ゴルフにおいてドライバーの飛距離が伸びていることを例に挙げて説明する。マスターズトーナメントでは、ドライバーショットの飛距離が伸びていることに対応するために、コースの全長を延長することで難易度を上げ、選手が発揮するパフォーマンスを一定にコントロールしている[54]。だが、コースの全長を延長して対応したことは、あくまで伸びる飛距離に対して対症療法的に施された処置であり、伸びる全長に対して、遠くに飛ばせる能力がある選手が勝利に近づくといった側面を生む。その結果として、より遠くに飛ばせる能力を開発するためのトレーニング科学や道具に関する科学的研究がより一層活発になるだろう[55]。このようなスポーツにおけるパフォーマンスの現状が「素朴に人間身体のみで発揮されるものではなく、身体—道具（人工物）—ルール（制度）—時空間（自然環境）などの要因間の相互作用、相互協調の結果」により形作られている[56]。

このように、従来、身体とスポーツをつなぐメディアとしてスポーツを支えてきた用具は、その先鋭化したテクノロジーや技術開発により進化している。そのため、スポーツ的身体を生み出すための「装置」になっているという指摘もある[57]。しかし、進化する新たなスポーツ用具はトップアスリートのスキルをレジャースポーツへと持ち込むことができる。また、モータースポーツやパラスポーツなど「用具」が内在的な問題となるスポーツから得られる、用具と人間との新たな関係性を楽しむことや「自然な身体」という幻想を解体するという視座は、近代スポーツを用具の視点から捉え直すことで、

120

「自然な身体」から離れた様々な人々を射程に含めた新たなものになるだろう。

小括

　本章では、スポーツ用具の変容には、スポーツする主体そのものの性質を機能主義的に変容させると同時に、近代スポーツに包摂される主体を多様で幅広い大衆へと拡大してきたという二面性が存在することを明らかにした。

　まず、スキルの分類としてのスポーツ技術論から見たスポーツ用具は、「スポーツ手段」として位置づけられていたが、中村による議論で、科学技術の革新により生み出された新たな用具は、新たなスポーツスキルを生み出したことで、スポーツの記録や結果に求められていた人工性、無機性が人間そのものにまで及ぶようになり、純粋に記録を追求する機能主義的な人間像を作ることを確認した。この点は、金井、菅原らがスポーツ手段とスポーツ技術を検討する際にも危惧されていたことだった。

　次に、山下の議論から、高度化と大衆化が統一され、大衆のスポーツスキルをアスリートのような高度なスキルに近づけるための科学的な発明としてスポーツ用具が位置づくことを明らかにした。最後に、今日のスポーツ用具は、用具の進化によって、用具と人間との新たな関係性を楽しむことや近代スポーツが持つ「自然な身体」という幻想を解体するという視座をもたらす。その視座は、近代スポーツを用具の視点から捉え直すことで、「自然な身体」から離れた様々な人々を射程に含めた新たな視座になる可能性が明らかになった。

　今日では、本章の「はじめに」で紹介した山本敦久の「ポスト・スポーツ」の視座のように、これまで「規律訓練」の対象であったスポーツする主体が、ビッグデータによりが「制御」の対象へ変化するにまで至っている。しかしこの議論は、山下が示した高度化と大衆化を両立するような視点が欠

落している。つまり、山本が述べた「制御」される主体とスポーツ用具の関係とは、測定される数値を良いものにするためにスキルをアップデートし、「合理的な動作」を行うようになるためのツールとしてスポーツ用具を位置づけたものだった。しかし、本章の第2節で紹介した市民ランナーの声が良い例であるように、大衆のスポーツする主体がその用具を手にする時、求めるのは賞レースでの勝利や名誉、地位ではない。昨日の自分より速く走りたい、嫌いなジョギングもこのシューズだと走りに行くのが楽しくなる、などといったスポーツに内在的なおもしろさや楽しさといった価値を享受する。この点から、大衆のスポーツする主体にとってテクノロジーによる用具は「動作を制御するツール」ではなく「おもしろさや楽しさなどの内在的な価値をより手軽に、より強く享受するためのツール」として位置づけられる。それは、進化し続ける新たなスポーツ用具はトップアスリートのスキルをレジャースポーツへと持ち込むことができるツールであるとも言える。

　用具を「動作を制御するツール」と位置づけるか、それとも「おもしろさや楽しさなどの内在的な価値をより手軽に、より強く享受するためのツール」と位置づけるか、それともまったく新たな位置づけを試みるか。その選択はまさに身体と用具の関係を「スポーツ的身体を作る装置」のようにするのか、それとも「新たな関係を構築する」ようにするのかという点において、用具をめぐるスポーツする主体による「政治」である。これまでも、機能主義的になる側面、大衆の技術レベルを高める側面、テクノロジーにより進化した用具を使いこなそうとする格闘からスポーツの新たな楽しみを見出す側面など、常に用具と主体の間でせめぎ合いが生じてきた。さらに言うと、主体は用具が変わっても「新たな独自のおもしろさ」を発見してきた。それはハイテク以前の歴史的経緯からも明らかである。

　この点を踏まえ、改めて野球の軟式ボールに話を戻そう。この軟式野球ボールは、軟式テニスボール[58]を参考に作られたものであるが、製造のきっ

かけは少年児童に幅広く野球に親しんでもらうために「安全、安価、大量生産可能」な野球ボールの製造を目指して、京都の小学校教諭と文房具商人により考案され、製造されたものであった。当初は、硬式野球への入り口としての役割を強く帯びていた。しかし、本章で述べたように、技術革新やテクノロジーの進化といった産業や環境が大きく変化した今日では、硬式ボールも日本全国どこでも手に入るようになり、使用可能な環境も整備されている。このような現状においてなお、軟式ボールを多くの人々が使用するのは、軟式スポーツが「レジャー化」され、独自のおもしろさや楽しさを内在的な価値として持っているからであろう。

　軟式ボールの例からは、ハイテクによってもたらされる用具の進化ではなく、言わばローテクなスポーツ用具が現在でも愛されていることの理由は、スポーツの「おもしろさ」を、スポーツに関わる主体が常にスポーツ文化の解釈を行い続ける営為にあると考えられる。

　このような本章の議論の到達を踏まえ、次章では、軟式ボールを用いた新たなベースボール型競技「Baseball 5」に着目し、なぜ今、新しいスポーツが誕生し、そのスポーツで軟式ボールが用いられているのかということについて、オリンピックの関係、Basaball 5の誕生の経緯、競技のディティールなどから見ていきたい。

第5章　軟式スポーツの今
―― Baseball 5 という「オルタナティブ」なスポーツ文化

はじめに

　前章では、スポーツスキルや用具を作るテクノロジーの高まりと身体性やスポーツする主体との関係を議論した「スポーツ技術論」に着目して、スポーツ用具が発展していくという事象が、スポーツする主体にどのように影響するのかということを検討した。それは、日本における軟式スポーツの誕生と発展の経過を辿りながら、軟式スポーツの文化的な特性を探ることにもつながる議論であった。

　本章では、大衆化と高度化の中にある軟式スポーツについてさらなる検討を試みるため、現在、軟式スポーツに訪れている新たな潮流を検討対象としたい。その新たな潮流とは、軟式ボールを使用した新たなベースボール型競技である Baseball 5（ベースボールファイブ）がオリンピックを中心とするスポーツシステムに向けて求心的に作用するようになっていることである。

　国際オリンピック委員会（International Olympic Committee、以下 IOC）は2017年9月13日にペルー・リマで開催された第131次総会で、2020年の東京に続くオリンピック開催都市について「異例の決定」を行った。そこでは、2024年にフランス・パリで、2028年にアメリカ・ロサンゼルスで開催することを同時に決定したのだった[1]。このことには、オリンピックの開催立候補都市が減少することを危惧した決定であることが見え隠れする[2]。

　オリンピックは独自の競技種目を持っているわけではなく、様々な競技種目の集合体として開催される世界最大規模のスポーツイベントである。今日、オリンピックは大会ごとに開催する競技種目を追加し、また排除するといっ

125

た「入れ替え」を頻繁に行っている。IOCの総会で追加／排除する競技種目を選定する時期が近づくにつれ、それぞれの国際競技連盟（International Federation、以下IF）による、開催国オリンピック組織委員会（Organizing Committee for the Olympic Games、以下OCOG）へのロビー活動が活発となる。そのロビー活動では、IFより競技プランが示されるのであるが、そのほとんどが主にIOCの希望に沿う形となっている。それのみならず、その競技の開催国における「人気」や「知名度」、「伝統」なども宣伝の対象となっている。さらに、オリンピックは、開催都市に恒久的な施設ではなく、開催されたという記憶を無形のレガシーとして残すことと若年層の取り込みを「アーバンスポーツ（urban sports）」に期待している。そこで、「近代スポーツ」とは異なるサーフィンやボルダリングなどの「新しいスポーツ」を、アーバンスポーツとして位置づけた。そして、開催地を途切れさせないこと、若年層を取り込むことで人気を維持することなどにより「持続可能なオリンピック」を目指すために、競技の入れ替えが行われている。

　では、それぞれのスポーツ競技、種目はIOCやOCOGの希望に沿うことができない場合、「入れ替え」に手放しで応じるしかないのだろうか。2008年の北京オリンピック以降の大会で「排除」されていたが、1年の延期を経て開催された東京オリンピックで「復活」した野球・ソフトボールは、その「復活」を目指すために様々な施策を行ってきた。その代表的なものは、世界野球ソフトボール連盟（World Baseball Softball Confederation、以下WBSC）の創設である。これは、オリンピックから「排除」されたことを受け、野球とソフトボールの国際競技連盟を1つに統合して一体となってオリンピックへの「復活」を目指すために作られた組織である。

　このWBSCは、2024年パリオリンピックでの野球・ソフトボールの「排除」の趨勢に対応するために、ベースボール型競技の新たな種目を作り出した。それが、「Baseball 5」である。この「Baseball 5」とは何かを読み解く

ためには、IOCが提唱する「スポーツの都市化」と「アーバンスポーツ」が鍵となる。そして、従来の野球・ソフトボールとの違いから、何をベースボール型競技の本質であると重視したのかということが論点となる。

このアーバンスポーツについての先行研究には、以下のようなものがある。貝島桃代（2000）による、アーバンスポーツを都市空間と人の関わりとして捉え、東京の都市としての独自性とスポーツの関係の可能性に着目したもの。豊島誠也と田里千代（2019）による、本来ビーチで行われるサーフィンから人工波で行う都市空間に展開するサーフィン場が作られていることを例にとって、都市空間が生み出したアーバンスポーツの可能性としてスポーツの変容を見据えたもの。そして、市井吉興のアーバンスポーツのスポーツツーリズムの資源としての可能性について論じたもの[3]。これらは、アーバンスポーツを「資源」として都市の捉え方に変容を迫ったり、スポーツの側に変容を迫ったりするものであった。

その他の研究としては、2021年東京オリンピックにおけるアーバンスポーツを新たな競技種目選定の仕組みとの関わりで論じたもの[4]、2021年東京オリンピックの開催から延期が決定する「政治」とアーバンスポーツとして選ばれたライフスタイルスポーツの「エートス」との関係を論じたものがある[5]。これらは、新たなオリンピック競技の追加や大会の開催方法にある政治性を検討したものである。

そこで本章は、アーバンスポーツ化されたベースボール型競技「Baseball 5」に着目して、オリンピックにおける競技の入れ替えの力学と駆け引きに加え、そこでの競技種目の変容の過程とその正当性を明らかにすることを目的とする。

まず、オリンピックにおける競技種目の「入れ替え」が何を根拠にどのように行われるのかを確認する。そこでは、IOCが唱える「スポーツの都市化（urbanization of sport）」や「アーバンスポーツ」がどのようなことを指し、状

況がどう変化しているのかが浮き彫りとなる。ここでは、野球・ソフトボールを巡って東京オリンピックでどのような経緯を辿ったのかを例に整理する。

　次に、「Baseball 5」をWBSCが考案するに至った経緯を確認する。まず、Baseball 5のもとになったストリートスポーツから紐解き、Baseball 5の成立過程にフォーカスする。そして、「Baseball 5」の公式ルールブックや公式プレー動画をもとに、従来の野球・ソフトボールから変更された点、残された点を明らかにする。この作業では「アーバンスポーツ化されたベースボール型競技」として「Baseball 5」が、何を野球・ソフトボールの本質として強調し、何を削ぎ落としているのかを明らかにする。このことは、「正当」なベースボール型競技が持つ要素と、普及のために障壁となる要素の違いを読み解くことにつながる。

　最後に、ノルベルト・エリアス（Norbert Elias）が示した「興奮の探求（quest for excitement）」の概念を用いて、スポーツにおける興奮を整理する。そして、アーバンスポーツにおける「興奮の探求」とは何か、「Baseball 5」における「興奮の探求」がどのように担保されているのか、従来の野球・ソフトボールにおける「興奮の探求」と何が異なるのかを明らかにする。

第1節　スポーツの都市化とアーバンスポーツの登場
──持続可能なオリンピックムーブメントに向けた競技の入れ替えの正当化

　2020年3月24日、IOCは、新型コロナウイルス感染症の世界的流行を受け、2020年に予定されていた東京オリンピックの延期を決定した。6日後の3月30日、IOCは延期後の日程を1年後の2021年7月23日に開会式を行い、延期前の日程を引き継いで実施することを発表した。[6]新型コロナウイルス感染症による延期を余儀なくされた東京オリンピックは、開催地に決定した当初から、オリンピックの歴史において非常に画期的な大会となることが期

待されていた。それは、IOCが東京大会への新競技・種目の追加とその根拠となる「スポーツの都市化」を2016年のブラジル、リオ・デ・ジャネイロで行われた129次総会において提起したことがきっかけになっている。

この「スポーツの都市化」という方針は、野球・ソフトボール、空手とともにオリンピック東京大会で公式競技となった、サーフィン、BMX、バスケットボール3 on 3、スケートボード、スポーツクライミングという新しい競技種目を採用するための正当性を、「オリンピックムーブメントの持続可能性を志向した方針」という意味において担保するものである。IOCが2018年10月5日、6日に行ったフォーラム「Olympism in Action」において「URBANISATION OF SPORTS」というワークショップが開催された。そこでは、スポーツの都市化とアーバンスポーツについて次のような概要のセッションが行われた。

世界の人口が都市に集中するにつれ、物理的に利用可能なスペースや施設を求める競争が激化している。このことは、スポーツへの参加における新しいトレンド、およびテクノロジー、ファッション、音楽、芸術、大衆文化の交点における革新と相まって、新しいスポーツの台頭と既存のスポーツの進化をもたらすことで、スポーツや身体活動にアクセスできる人のための機会を広げる。このワークショップでは、新しいスポーツのトレンドと革新、およびいくつかの主流なスポーツが都市空間にどのように適応しているか、そして新しいスポーツによって若い人たちをオリンピックムーブメントに引き付ける方法を探る[7]。

ここに示されているように、IOCは、スポーツを都市化すること、つまりアーバンスポーツによって、若者をオリンピックとその理念であるオリンピックムーブメントに引きつけることを狙いとしていることがわかる。また、

第5章　軟式スポーツの今　　129

スポーツと他の文化の交わりにより、これまでスポーツにコミットしてこなかった人々の参与も期待されている。

　市井吉興（2019b）は、エクストリームスポーツ国際フェスティバル（Festival International des Sport Extrêmes：FISE）に着目し、アーバンスポーツの定義について議論を行った。そこでは、「アーバンスポーツとはライフスタイルスポーツの中でも普段から都市部で実施されているスポーツであることと、都市部でも会場設営の仕方によっては実演可能なスポーツ」であるとしている。

　ここで注目してみたいことは、「アーバンスポーツ」が登場する経緯である。IOCの129次総会後のプレスリリースをそのまま読むと、若者を積極的にオリンピックへと取り込む狙いがあると読み取れるが、スポーツの都市化には他にも政治的な意味がある。それは、「スポーツ施設の恒久化を前提とすることなく、スポーツを都市（再）開発の資源として活用し、都市に付加価値を与えること」という意味と「エンターテイメント性の高いアーバンスポーツの競技会が行われたという記憶」としての「無形のレガシー」を残すという意味があると指摘する[8]。

　さらに、IOCのワークショップで説明されるアーバンスポーツの狙いと、市井（2019b）による議論を整理すると、アーバンスポーツは、①都市化されたスポーツの中でも、普段から都市部で実施されているライフスタイルスポーツや、会場設営を工夫することで実演可能であるという形態、②若者をオリンピックとオリンピックムーブメントに引きつけるという狙いに加え、③恒久的でないスポーツ施設の設置を通じて、スポーツを都市開発の資源とするという意味がある。

オリンピック競技を入れ替えるロジックとしての「スポーツの都市化」

　これらのことからアーバンスポーツには、金銭的にも時間的にも負担の大

きいこれまでのような大規模な都市計画を伴うオリンピックや、メッセージを伴った国威発揚のような伝統を持つオリンピックを少しずつ転換させ、持続可能な大会としての性質を帯びさせることが期待されていることが読み取れる。この点は、先にも述べたように、サーフィン、BMX、バスケットボール3 on 3、スケートボード、スポーツクライミングという新しい競技・種目を採用するための正当性を担保するものとしても機能している。「スポーツの都市化」のもと、新たなスポーツの競技種目をめぐるこのような状況がある一方で、2019年2月21日、2024年パリオリンピックの組織委員会は、パリ大会において野球・ソフトボールを「除外」することを決定した。ここには、様々な要素が絡んでいるが、主たるものを紐解いてみたい。

　1つは、「アジェンダ2020」の存在である。「アジェンダ2020」とは、2014年12月のIOC総会にて可決された、将来のオリンピックに対する中・長期的な計画である。ここには、40の提言が記されており、その中の「10 競技ベースから種目ベースのプログラムへの移行」に、「開催都市の組織委員会は当該オリンピック競技大会の開催プログラムに、1つまたは複数の種目を追加すると提案することをIOCは容認する[9]」という文言がある。これを根拠に、東京オリンピックでは空手、野球・ソフトボールが組織委員会主導のもとに「追加」された。それと同じように、パリオリンピックの組織委員会による野球・ソフトボールを「除外」する決定はアジェンダ2020を根拠として行われたのである。

　2つには、野球・ソフトボールが欧州、アフリカにおいて「マイナー」な競技であるとイメージされていることが挙げられる。それは、主に競技人口の少なさに起因すると考えられる。一見すると、ヨーロッパではメジャースポーツとは言い難い野球・ソフトボールが除外されることに、それほど違和感を抱く必要はないのかもしれない。

　しかし、これで述べてきた「スポーツの都市化」、「アーバンスポーツ」と

いう視点を踏まえて検討すると、パリオリンピックにおいて野球・ソフトボールの「除外」は、別の解釈が成立すると思われる。それでは、次節において、「Baseball 5（ベースボールファイブ）」を取り上げ、スポーツの都市化が従来のスポーツ、つまり、近代スポーツに与える影響について考察を試みたい。

第2節　Baseball 5 とは何か？
——ベースボール型競技のアーバンスポーツ化

　前節でも述べたように、パリオリンピックから野球・ソフトボールが「除外」されたのは、欧州、アフリカにおいて、これらが「ポピュラー」な競技とは捉えられていないことが要因として挙げられる。中でも、競技人口の少なさが主な要因と考えられているが、その対策として、WBSCは欧州、アフリカへの野球・ソフトボールの普及に力を注いできた。

　WBSCは、2019年11月21日に開催されたWBSCコングレスにおいて、「開発委員会によるレポート（DEVELOPMENT COMMISSION REPORT 2018/2019）」を発表した。これは、WBSCが加盟国の要請に基づいて行った1年間の様々な普及活動の概要をまとめたものである。開発活動は、各国への直接支援に予算の50％を使っている。それ以外に、選手や指導者にスキルを教えるためのクリニック、ユース世代の育成、スポーツ施設の拡充、代表チームのサポートなどに予算の30％を使用していると報告されている。これらの支援は要請を受けて行うものであるが、ヨーロッパが39件、アフリカが20件と、アメリカ大陸の10件、アジアの12件、オセアニアの9件と比較して要請の数が群を抜いている。要請をするということは、WBSCによる支援のもとに開発が必要であると各連盟が判断しているという背景がある。[10]

　このような取り組みの中で、WBSCは、2018年に欧州やアフリカ諸国の

野球・ソフトボール競技人口の低下に歯止めをかけるために、「Baseball 5」という新たな競技を発表した。その際、WBSC会長のリカルド・フラッカリ（Riccardo Fraccari）は、その「Baseball 5」を次のように紹介した。

Baseball 5 は5人制、5イニングからなる野球・ソフトボールの簡単で新しいストリート競技である。手軽に街中で楽しめるこの競技が広がれば、これまで開拓できなかった地域や場所にも野球とソフトボールを広めることができるだろう[11]。

この競技は、キューバでストリートベースボール（street baseball）を行う若者の動画[12]をヒントに、フランス野球ソフトボール連盟会長のディディエ・セミネ（Didier Seminet）が野球の普及方法として発案したことがきっかけとなっている。セミネはWBSCに働きかけてルールを整備した。そして、フランス国内で普及活動をはじめたところ、競技人口は3年間で約2000人になった。Baseball 5 に取り組む草野球チームも増えているという[13]。

Baseball 5 はどこからきたのか？

ここでは、ベースボール型競技を実施する際に利用されることの多い野球場を例に、近代スポーツにおいて空間と場所がどのような効果を持っているかを明らかにする。とりわけ、近年では野球する場のみを建設するにとどまらず、付随する競技施設や周辺の公園整備、道路計画、管理運営などのソフト面までを含めて、「ボールパーク化計画」などという事例も見られる[14]。

石原豊一（2021）は、「ボールパーク」という言葉について、「本来的には、球場、スタジアムの別称である。しかし、近年、我が国においては、単なるスポーツ観戦の場としてのスタジアムを越える新たなエンタテインメント空間というイメージでとらえられることが多い[15]」と述べる。

このイメージにそぐう例として、ベースボール型競技の母国と言われるアメリカの野球リーグ「メジャーリーグベースボール（MLB)」において、7回に入る際に歌われる「Take me out to the ball game（私を野球に連れてって）」がある。

Take me out to the ball game

Take me out with the crowd

私を野球の試合に連れていって

私を大観衆と一緒に連れていって

Buy me some peanuts and Cracker Jack

I don't care if I never get back

私にピーナッツとクラッカー・ジャックを買ってね

戻れなくてもかまわないよ

Let me root, root root for the home team

If they don't win it's a shame

ホームチームを応援させてよ

もし勝てないなら悔しいよね

For it's one, two, three strikes you're out

At the old ball game

さあ1、2、3ストライクでアウトだ

昔ながらのボールゲームで

MLBの試合では、この歌は「ストレッチ・ソング」と言われており、7回に入ると球場の観客が立ち上がり、この歌を大合唱する。歌う際は、ホームチームもアウェーチームも関係なく、立ち上がっての大合唱となる。

この歌の不思議な点は、野球場へ連れて行ってほしいという動機が直接的

134

に表現されず、球場で購入できる食べ物や、ホームチームを応援するということが目的とされていることである。ここから、競技を際立たせるために応援・物販・人的交流などが複合的に作用する空間として「ボールパーク」が成立していると言えよう。さらに言うと、「ボールパーク」は、野球のルールが適用される空間であり、野球をする側も見る側もそのルールに則って勝敗を決し、それに一喜一憂するのである。

　このように近代スポーツとしての「野球」では明確に「場」が設定され、かつその「場」が複合的に成立しているのであるが、本章で主題とする、Baseball 5 は街中で楽しめる競技であり、手軽なものであるとされているが、ベースに準じるものや区画線など、同様に「場」の準備は必要となる。

　カリブ海に面したキューバでは、Baseball 5 が登場する以前から、「クアトロエスキナス（Cuatro Esquinas）」と呼ばれる、ストリートベースボールが行われていた。

図5-1　Olympics公式チャンネルによるクアトロエスキナスの紹介[17]

　このクアトロエスキナスは、明確なルールや区切られた競技場を持たない。

第 5 章　軟式スポーツの今　　135

その時々に集まった仲間で、その時に使える場所に応じた「アレンジ」に基づいて競技を進める方法が決められていく。まさしく、DIY（Do It Yourself）精神により、進められていくのである。さらに、クアトロエスキナスは児童期のみの遊びにとどまらない。

図5-2　クアトロエスキナスの様子 (18)

　2010年には、エナジードリンク販売を手がけるRed Bull社が(19)「The Cuban version of baseball-Red Bull 4Skinas」という動画を出し、Red Bull社が行ったクアトロエスキナスの大会の模様を紹介している。Red Bull社によるクアトロエスキナス大会は、実施するにあたり、競技を実施する区画を明確にし、得点板やベースなど、専用の用具を用意した。それらの用具は、ストリートファッション性の高いものであり、「ストリートゲーム」としてのクアトロエスキナスのイメージやスタイルを保持している。また、ルールも

明確化されており、各チーム4名の選手で構成され、1塁手として1名、フィールドプレイヤーとして3名の計4名が守備者となる。攻撃は4名が順番に打撃を行う。

　下に整理した**表5-1**からわかるように、クアトロエスキナスからRed Bull社の大会を経て、Baseball 5に至るまで、ルールが明確化されたり、スポーツの場やフィールドが限定されたり、用具が専用化されたりと、近代スポーツとしての形を帯びていったことが明らかである。

	Cuatro Esquinas	Red Bull Cuatro Esquinas	Baseball 5
ルール	曖昧	大会のみ限定ルール	国際統一
フィールド	曖昧(ストリート)	大会のみ限定フィールド（都市の空き地）	規格がおさまればどこでもプレー可
チーム	流動的	大会のみ限定登録	NFの規定に則り結成
出場メンバー	流動的	4名(ルールに規定)	5名
用具	その場で作成・入手したボール、バット、ベース	ボール、ベース(テニスボールや木材を加工)	ボール、ベース、フェンス(検定・規格に合うもの)

表5-1　クアトロエスキナスからBaseball 5への変化

　ここまで見たように、アーバンスポーツ化されたベースボール型競技「Baseball 5」には、キューバで取り組まれていたストリートスポーツ「クアトロエスキナス」との連続性があった。その連続性とは、手打ちでの打撃、グラブを使わない守備といったプレースタイルに関するものや「都市空間に溶け込む」といった競技のイメージと関わるものだった。だが、クアトロエスキナスからBaseball 5へと「競技化」される過程では、クアトロエスキナスが持っていたストリートスポーツとしての「曖昧さ」は失われ、画一的なルール、均質化された用具などに則って実施されるようになった。

　Red Bull社によるクアトロエスキナス大会から8年後の2018年、WBSCは、欧州やアフリカ諸国の野球・ソフトボール競技人口の低下に歯止めをかけるためにBaseball 5を発表した。以下、そのBaseball 5の詳細と特徴を確認す

る。

Baseball 5 のディティールと特徴

　先述したように、Baseball 5はクアトロエスキナスなるストリートスポーツとの連続性が確認できた。そこでは、競技化されるにあたって「曖昧さ」が失われ、世界的な競技会が実施できるスポーツとして「整備」されていったのであった。

　このように、クアトロエスキナスに依拠して考案された、Baseball 5公式ルールブックの冒頭「introduction」には、以下のように特徴が説明されている。

　　　　Baseball 5（B5）は、伝統的な野球やソフトボールのアーバン型である。若年層を対象とした、スピーディでダイナミックなスポーツであり、基本的なルールは野球やソフトボールと同じである。Baseball 5は、ゴムボール（rubber ball）さえあれば、どこでも誰でもプレイすることができる。[20]

　このように紹介されるBaseball 5の特徴から、野球やソフトボールを再設計し、アーバンスポーツ化したものと見なせよう。

　まず、ここで整理しておくべき点として、「伝統的な野球やソフトボール」からどのような点を変更しアーバンスポーツとして仕上げられたのかということが挙げられる。そこで、Baseball 5の公式ルールより環境や用具の側面と、試合運営に関する側面を整理する。

　環境や用具の側面については、第1に、フィールドサイズが大幅に縮小されていることが特徴である。1辺21mの正方形があれば競技場が作れるようになっており、そのうち内野が1辺13mの正方形である。野球よりコンパク

トな場所で行われるソフトボールの内野の1辺が18.29mであることと比較しても、とても小さい面積のフィールドでプレイされることがわかる。

図 5-3　Baseball 5のフィールド（実際の様子）[21]

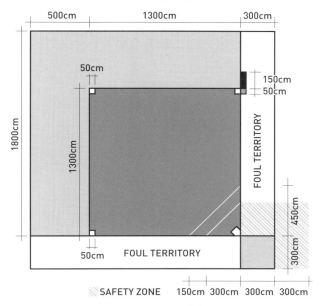

図 5-4　Baseball 5のフィールド（設計図）[22]

第 5 章　軟式スポーツの今　　139

フィールドの面では、他にも工夫が加えられている。それは、競技場を区切るフェンスである。野球やソフトボールでは、成人の身長より高いフェンスに囲まれた「球場」でプレイする。対して、Baseball 5では、100cm程度のフェンスで四方を囲むのみとなっている。この低いフェンスにより、競技場の周囲との境界が曖昧になり、都市に「溶け込む」ような効果が期待される。

　次に、用具の面で工夫が加えられている。Baseball 5で使用される用具は、ベースとボールのみである。バットは使用されず、手のひらか拳でボールを打つ。

　ベースは、内野の四隅に設置する。その際、地面に設置するものでなくとも、マークして判別がつくようにするだけでも良い。また、通常の野球やソフトボールであれば本塁の左右に設置される打者席（Batter's Box）は、Baseball 5では本塁の後ろ側に300cm四方の場所が打者に与えられ、その中で打撃動作を行う。

　ボールについては、Baseball 5の紹介文において、「ゴムボール（rubber ball）」と呼ばれているものが使用される。この「ゴムボール」は、軟式野球

図5-5　Baseball 5のプレーの様子[23]

ボールと構造が類似している。軟式野球ボールも、ゴムの外周構造の中にガスが充填されている。WBSCが主催する大会においては、公式規格に則って製造された公式ボールが使用される。

　次に、試合の進め方に関するルールを整理する。進め方の大枠は従来のベースボール型競技と同じく、攻撃側が3つアウトを重ねると攻守交代となる。それを両チーム5回ずつ（5イニング）行い、1試合となる。1チーム8人で構成され、フィールドには5名が立ち、3名は控え選手となる。投手と捕手は置かずに、フィールド内のどこでも好きな位置を守ることができる。

　攻撃は5人の出場選手が順次打撃を行うことで進んでいく。打撃は打者席内で行う。打者が手に持っているボールを手のひらか拳で強く打ち、本塁から3m以上離れた位置で打球を1度ワンバウンドさせる必要がある。この点で、従来のベースボール型競技はバットを使って遠くに強い打球を放つことを攻撃側は目指すが、Baseball 5では、バットを使わずに、「手打ち」でフィールド内におさまるようにワンバウンドの強い打球を放つことをルールで規定している。つまり、コンパクトなフィールド内でプレーを完結させられるように、ルールで打球の種類を限定したのだ。

　守備は、①打者より早くベースを踏む、②打球がバウンドする前に捕球する、③次の塁を目指している走者にボールを持ってタッチする、この3つがアウトを取るための主な動作になる。このプレーは、従来のベースボール型競技でもアウトをとるための代表的なプレーとなっている。その他、打者がアウトになるケースは、ファウルゾーンに打球を打ってしまった場合や、打球がフェアゾーンにバウンドせずにフェンスに当たったり越えたりした場合が特徴的なケースである。このケースは、Baseball 5に特徴的なプレイであると言える。Baseball 5では投手を置かないため、打者が狙いを定めて打球を放つことが容易になる。それに対してファウルゾーンに打球を放つとアウトになるというルールは、トライできる回数に制限をかける意味がある。ま

第5章　軟式スポーツの今　　141

た、打球がフェアゾーンにバウンドせずにフェンスに当たったり越えたりするとアウトになるということは、アーバンスポーツとしてコンパクトに設計されたBaseball 5の特性として、打球を中にとどめることでプレイをフィールド内に収める効果がある。

　ベースボール型競技とBaseball 5の差異は、以下のように分析できる。①ベースボール型競技を実施する環境のうち、内野フィールド及びベースを用具化し、外野フィールドやその他構造物を不要にした。②バットを使用せず、ボールのみで実施できるようにした。また、この2点により、競技環境が均一化され国際的に試合が行えるようになった。また、遊びの要素が強く非競技的だったクアトロエスキナスでは、公道や私有地などでゲームを行う影響で、その場から締め出されるリスクがあったが、競技環境が均一化されたことにより、場を確保する際の目安が把握でき、締め出されるリスクを回避しやすくなったと言える。

　ここまで見たように、Baseball 5はアーバンスポーツとしての条件を満たすために、従来の野球・ソフトボールのルールを改変することでプレーや動きを制限している。そして、バットを使用せずに、ボールも柔らかいもの（rubber ball）に変更して競技を行っている。

　しかも、この競技は、2026年のダカールで開催されるユースオリンピックに新種目として採用されることが、2020年1月8日にスイス・ローザンヌで行われたIOCの常任理事会で決定された[24]。Baseball 5がユースオリンピックの新種目として採用されたことは、非常に注目すべきことである。なぜなら、IOCが提起した「スポーツの都市化」という方針のもとで採用されたスケートボード、BMXフリースタイルなどのアーバンスポーツ競技・種目は、2021年東京オリンピックに先立つ2018年に開催されたブエノスアイレス・ユースオリンピックで競技種目として実施されたからである。

　2018年ブエノスアイレス・ユースオリンピックでは、今後、オリンピッ

クでの正式競技化が期待されるブレイクダンスの競技会が実施されていた。また、アーバンスポーツの競技会場となったアーバンスポーツパークの設計や運営は、先に紹介したFISEの運営会社であるハリケーン社が取り仕切った。まさに、2018年ブエノスアイレス・ユースオリンピックは2021年東京オリンピックのアーバンスポーツの競技会に向けた運営上のプロト大会に位置づけられている。さらに、ユースオリンピックは、IOCが提起した「スポーツの都市化」の具体化に必要なスポーツコンテンツの選定と開発の場として位置づけられようとしている。

　こういったユースオリンピックの状況の中で、WBSCは次のように表明した。

　　　Baseball 5は青少年に焦点を当てたスポーツをさらに増やす絶好の機会を、2026年ダカール・ユースオリンピックにおいて提供する。この種目は、セネガルの若い人々との交流という2026年ダカール・ユースオリンピックのビジョンの重要な部分と完全に合致する。やはり、Baseball 5が2026年ダカール・ユースオリンピックの正式種目となったことは、アフリカの野球・ソフトボールにとって前例のない発展の機会となる。2019年にWBSCは「アフリカ開発プロジェクト（African Development project）」を立ち上げ、より多くの人々にスポーツを紹介するためのツールとしてBaseball 5を活用することを盛り込んでいる。

　このようにBaseball 5は、「若者を引きつける」、「スポーツを都市開発の資源にする」という狙いがある。また、Baseball 5は、「都市部で開催可能なように工夫したフィールドで行う」という特性も持つ。この点については、このあとでルールと照らし合わせる形で確認する。つまり、Baseball 5を2026年ダカール・ユースオリンピックに選定した狙いは、アーバンスポー

ツそのものの持つ狙いや意味と方向を同じくしている。

　この点から、Baseball 5 がアーバンスポーツとして伝統的なベースボール型競技である野球やソフトボールを「再設計」した理由が見えてくる。本章の「はじめに」でも触れたように、ベースボール型競技はヨーロッパ諸国やアフリカ諸国における競技人口の少なさが課題となっている。その解決に向けて、「開発」を大義名分として掲げながら、JICA と大学連携による取り組みや、アーバンスポーツ化された Baseball 5 のユースオリンピックへの採用が進められていると言える。

　次節では、バットを使用しないことや柔らかいボールを使用するなど「スポーツ用具」が変わることと、スポーツにおける「興奮の探求」の関係について検討する。

第3節　アーバンスポーツと「興奮の探求」
―― Baseball 5 の用具と環境

　第1章を中心に検討してきたが、再度、スポーツにおいて「興奮の探求」という感情の動きに着目する意味を、概念としての「興奮」について確認することから明らかにしておく。社会学者のノルベルト・エリアスは「興奮」について議論するにあたって、「われわれは、人類の歴史を通じて、おそらく人生の規則性に反目してきたと思われるような自然発生的で基本的な興奮に関心を抱いている」と述べている。[27] この「自然発生的で基本的な興奮」とは、スポーツやレジャー活動などの「余暇活動」によりもたらされる「楽しさ」や「喜び」、「自己表現」などのプラス方向のものばかりではない。マイナス方向の「自然発生的で基本的な興奮」とは、「怒り」や「悲しみ」、「アイデンティティの喪失」などがある。これらは、現代社会において、「家族関係」や「仕事の圧力」などの「ストレス」と呼ばれるものに起因する。

　スポーツにおける「興奮の探求」はどのような機能があるのだろうか。エ

リアスは「重大で、険悪な興奮を生み出す傾向が減少してきた社会では、遊戯的興奮の代償機能が増加してきた[28]」と述べている。エリアスが『スポーツと文明化』で展開する議論の前提としたのは近代化される英国社会だった。その社会では、議会政治が制定され、政治が言語ゲーム化することや暴力的な行為を軍隊や警察が回収するようなことが起こっていた。そのような中で、スポーツに求められたことの1つは、遊戯的興奮が「自然発生的で基本的な興奮」を肩代わりすることだった。菊幸一は、スポーツが果たすこの機能について、「文明化に対する抵抗を集団的アイデンティティとして社会的に誇示するために、文明化されたスポーツの場をそれとは正反対な真の暴力発揮の飛び地として意図的に利用しようとする」ものであると指摘している[29]。つまり、スポーツは、日常で得ることのできない興奮を発揮するという「飛び地」としての機能を持つということである。

　また、スポーツなどにより得られる遊戯的な興奮の探求として、「苦労や手間を楽しむ」という機能がある。スポーツにおける「苦労や手間」とは、ルールにより制限されたパフォーマンスや用具の制限を意味する。通常、生活を送る上ではなるべく合理的に、少ない行程で最大の結果を得られるように動くことがほとんどである。しかし、スポーツにおいてはパフォーマンスを制限するために、ルールや用具により制約を加えている。

　Baseball 5のように近代スポーツがアーバンスポーツへと変化していく際には、スポーツを実施する環境をどこでも設置できる用具として変換している「環境の用具化」が発生していると言える。三谷舜（2022）は、パルクールを例に「環境の用具化」について次のように述べる。

　　「環境の用具化」は、パルクールの実践環境に必要な障害物を用具化することで、パルクールの実践環境をどこでも作れるようにすることであった。この点は、競技化されたパルクールにおいては、均一的な競技

環境を提供するという近代スポーツ化の側面があり、非競技的なパルクールでは私有地で合法的にパルクールを実践することで締め出されるリスクを回避するという側面を持っている。[30]

　繰り返しになるが、「環境の用具化」とはつまり、スポーツを実施する環境を用具化することで、スポーツができる環境をいつでもどこでも設けられるようにすることである。また、その場その時に応じて展開されるという、ストリートスポーツの特質を消し、均一的な競技環境により近代スポーツとしての条件も担保できるようになることも指摘できる。

　このようなアーバンスポーツにおいて「興奮の探求」が立ち現れる際には、近代スポーツとは違った性質のものを含んでいることが指摘できる。それは、第1節で整理したアーバンスポーツの特徴からその要点を示すことができる。アーバンスポーツの特徴とは、近代スポーツとの差異という理解もできる。特に、都市化されたスポーツの中でも、普段から都市部で実施されているライフスタイルスポーツや、会場設営を工夫することで実演可能であるという形態、恒久的でないスポーツ施設の設置を通じて、スポーツを都市開発の資源とするという意味、の2つから見えてくる。つまり、近代スポーツは会場設営を工夫しても実施が難しかったり、恒久的な施設の設置を前提としていたりすることがほとんどである。そこから、スポーツのパフォーマンスを都市に溶け込ませる感覚や、親しみのある場所を普段とは違う用途として、スポーツのパフォーマンスを発揮する場所へと変えることで、明確に区切られた場所で行う近代スポーツとは異なる「興奮の探求」を実践することができると言える。

興奮の探求と Baseball 5 の特性
　このように整理された「興奮の探求」を鍵に、Baseball 5 について議論す

る際に問題になるのは、Baseball 5の特性である。つまり、従来の野球やソフトボールからの変更点である、投手を置かずに、バットも必要とせず、軟式ボールを採用するという大きな変更を施したにもかかわらず、「ベースボール型」の「おもしろさ」を担保し、野球とソフトボールへとつながるような仕組みに位置づけられているということの中身が論点となる。

スポーツ用具は、「主体によって操作されない、状況的道具（環境：ハードル、ゴールなど）」と「主体によって操作される、補助的道具（用具：グローブ、スパイク、スターティングブロックなど[31]）」と分類される。Baseball 5の用具では、状況的道具としてフィールドとベースが、補助的道具としてボールが使用される。この時点で、ベースボール型競技に特徴的な用具であるグローブとバットを使用しない。

そして、スポーツ用具を操作する技術として、①身体を道具として使用し操作するスキルと、②外在的、客観的に存在する道具を使用し操作するスキルがあるとする。加えて、②の外在的、客観的に存在する道具を使用し操作するスキルには、(a) 身体を道具として使用・操作するとともに客観的に存在するものを操作するスキルと、(b) 常時手に保持し続け、客観的に存在する道具を使用、操作するスキルの2つが内包されている[32]。Baseball 5では、走る、飛ぶなどの、身体を道具として使用し操作するスキルを土台に、主に身体を道具として使用・操作するとともに客観的に存在するものを操作するスキルで、ボールを打ったり、捕ったり、投げたりすることになる。

このような用具や技術の議論から見ると、ゴムボールを使うこととバットではなく手で打つというBaseball 5の特性は、表裏となったセットの規則であると捉えられる。手で打つということを実現するためには、ボールを柔らかくする必要がある。ボールを柔らかくすることによって、打球の飛距離が制限され、フィールドを狭くすることとの整合性が取れている。

そしてBaseball 5の特徴である「投手を置かない」こと、フィールドを狭

第5章　軟式スポーツの今　　147

くすること、ボールを柔らかくすること／バットを用いないことは互いに影響し合ってゲームを成立させている。従来の野球・ソフトボールでは、投手はフィールドの中で唯一、主体的にボールを操作できるポジションであるという点で、特殊な技術を必要とするポジションである。つまり、専門的な技術練習が必要なポジションであると言える。また、投手の専門技術が向上する程に、打者に求められる打撃動作の技術もより難しいものとなる。フリーランスライターの杉本隆は、野球における「投手」の特質さを次のように述べる。

　　野球のフィールドを支配するのはピッチャーである。試合が始まるとき、ボールはピッチャーに渡される。アンパイアが「プレイボール」とコールする。それだけでは試合が始まらない。ピッチャーが球を投じたとき、はじめて試合の火ぶたが切って落とされる。（…）野球は投手が球を投じることによってしかプレーを起こり得ないという、極めて特殊的な部類に属するスポーツである。（…）投手とはベースボールフィールドの、そしてゲームの支配者なのである[33]。

　杉本は「ゲームの支配者」という表現で投手を形容する。この点から、「投手」の存在はベースボール型競技の「独自性」を強調し「興奮」を引き立てる1つの側面であると同時に、投手、打者ともに専門的な技術練習を積む必要が「苦労や手間」を楽しむレベルではなく、「不満足やストレス」となり、参与への「障壁」となっている可能性も考えられる。
　このように、アーバンスポーツとして設計されたBaseball 5は、ベースボール型とアーバンスポーツの「興奮の探求」を同時に持ち合わせている。ベースボール型における「投手」を取り除き、打撃の「興奮」にフォーカスしたことは、非常に大胆な判断であったと考えられる。だが、WBSC会長

のリカルド・フラッカリが言うように、「手軽に街中で楽しめるこの競技が広がれば、これまで開拓できなかった地域や場所にも野球とソフトボールを広めることができる[34]」という狙いを踏まえると、特殊な技術が必要なポジションや用具は1つでも少ない方が、参与への間口を広く取ることにつながると見なせよう。

小括

　本章では、新たなベースボール型競技「Baseball 5」について「興奮の探求」と「スポーツ技術論」を援用して分析する試みを行った。そこで取り上げたスポーツ技術論の一端は、スポーツ用具の分類とスポーツ用具を使うスキルの分類があり、「環境の用具化」が発生する現場でもあった。それにより課題となるのは、スキルの分類と用具の分類がいかにスポーツにおける「興奮の探求」と関わっているかということである。

　今回取り上げた「Baseball 5」は、ベースボール型競技を恒久的にオリンピックの実施競技につなぎとめておくために「スポーツの都市化」という概念に与することで、「アーバンスポーツ」化されたベースボール競技である。これは、バットやグローブという用具を削り、必要な技術も簡易化することでベースボール型競技の欧州やアフリカでの普及というミッションを担うことになった。そしてBaseball 5は2026年ダカール・ユースオリンピックで採用されることとなった。このことは、日本ではスターターゲームに位置づけられる「Baseball 5」が、世界的にはベースボール型競技のオーソドックスとなる可能性を孕んでいる。しかし「Baseball 5」は、その競技設計の結果、ベースボール型に独自の技術や「興奮の探求」を削いでしまっている。IOCは「スポーツの都市化」、「アーバンスポーツ」を提起した際に、今回紹介した「Baseball 5」のような競技の登場は想定していたのだろうか。こうした点から、今回検討した、スポーツの都市化と近代スポーツの関係、近代

スポーツがオリンピックとの関係を構築する中でアーバンスポーツ化されていくような事例は、ライフスタイルスポーツをベースにアーバンスポーツを議論している先行研究に対して、近代スポーツ、アーバンスポーツをスポーツ文化の連続／断絶としてスポーツの近代から現代への変容について検討する必要性を投げかけるものと位置づくのでないだろうか。

　本書のここまでの議論で、軟式スポーツは硬式と似たプレイを持つものの、独自の「おもしろさ」や文化を持っているということを確認してきた。本章の第3節では、「興奮の探求」とスポーツ技術論によるスキルの分類と用具の分類を援用し、分析を試みた。言わば、Baseball 5の「おもしろさ」とそれを作り出す要素の分析を試みた。この分析は、Baseball 5のみならず、軟式スポーツの「おもしろさ」とそれを作り出す要素を読み解くために必要な視座であると考えられる。

終　章

　ここまで検討を行ってきた「軟式スポーツ」は、なぜ社会的な課題となる
のだろうか。その点について、繰り返しになるが、社会学者の永井良和の主
張を思い出したい。

　　スポーツの軟式化にも、通じるところがある。安全で安価、場所もと
　りすぎない。結果的に多くの参加者を受けいれやすくなる。硬式種目こ
　そ世界標準だと決めつけている人は、地球の半分しか視野に入っていな
　い。アジアをはじめ、途上国では軟式の競技がけっこう普及しているの
　だ。（…）だとすれば、日本発の軟式種目も、世界に貢献する可能性を秘
　めているといってよい。いや、その可能性を信じ、普及に尽力してきた
　人びとは、すでにたくさんいる。むしろ、公的な評価や支援がじゅうぶ
　んでないのだ。[1]

　永井が求める軟式スポーツへの「公的な評価・支援」とは、戦後復興期の
ような生産・普及に関するものではなく、社会的な位置づけの再確認やス
ポーツ文化としての再評価に他ならない。この点は、本書で議論の主題と
なった「軟式ボールについて、おもしろさや興奮といったスポーツが持つ内
在的な価値に深く関わっていると仮定し、それらを人々がどのように受容し、
発展させてきたのかということを明らかにすること」が貢献できる部分であ
ると推察でき、また強く共鳴する。そこで終章では、本書での議論を振り返
り、到達と課題を明示しておく。
　第1章では、スポーツ用具の観点からスポーツを捉え返すことの可能性に

ついて、ノルベルト・エリアス（Norbert Elias）を中心とした、フィギュレーション社会学に関する議論、近代スポーツについての議論を参照し、枠組みの構築を試みた。エリアスの「スポータイゼーション」並びに「興奮の探求（quest for excitement）」を主眼に、アレン・グットマン（Allen Guttmann）やジョン・ハーグリーブス（John Hargreaves）の議論を検討し、模倣（mimetic）がスポーツにおける没入経験の重要な側面であることが指摘できた。スポーツ用具は、トップアスリートのパフォーマンスの模倣や、軟式スポーツのように、元々のスポーツを変化させ、再解釈した文化として実施可能にしたりする作用がある。このように近代スポーツと新しいスポーツを比較し常に問い続けることは、スポーツ以前の娯楽と近代スポーツを比較したエリアスの社会学的営為そのものであり、絶えず新しいスポーツへと目を向け、問いを立て続けることの必要性を明らかにした。

　第2章では、競技人口やチーム数、中央競技団体の構造や関係などの現状、軟式スポーツが持つイメージを紐解くことで、軟式スポーツの現状を確認した。それにより、研究上確認すべき課題として、軟式ボール誕生当時のミッションが現在までイメージとして続いているものの、競技人口やチーム登録数の現状から見るとジュニア期のスポーツという位置のみならず、幅広いプレイヤーを包含する文化であり、軟式ボール、軟式スポーツが社会学的検討を行う題材としてふさわしいことが確認された。

　第3章では、戦前の軟式ボール誕生史を紐解くことからはじまり、戦後日本において軟式ボールが置かれていた状況を『日本運動具新報』から読み解いた。それより、軟式ボールの出発点と戦後の展開を整理した。ここでは、文部省やCIE（民間情報教育局）が軟式ボールを優先的に製造させたという事実を裏づけるように、軟式ボールの持つ「大衆性」が強調され、軟式スポーツが「レジャー化」する側面が明らかになった。そこには、当時の日本では、野球が大衆的なスポーツであるものの、硬式野球ボールは価格、品質などの

面で安定的に供給することが難しく、またスポーツ実施のための用地や公園などの問題のために、軟式野球ボールの製造が優先されたことも起因している。

第4章では、スポーツ用具とスポーツの「おもしろさ」の関係をスポーツ技術論の議論に助けを借りながら、スポーツ用具とそれを用いる技術に着目して検討を行った。そこでは、以前からテクノロジーの進化によるスキルの向上に伴って、記録を追求する「機能主義的人間」が指摘されていたが、近年のハイテク・通信技術の進化により、身体がデータによる制御の対象になるという議論が整理された。だが、用具を使用する身体を意識下に置こうとすることや、用具を使いこなそうとする葛藤がアスリートに内在しており、スポーツは用具と身体をめぐる「闘争のアリーナ」としても機能していることが明らかとなった。

第5章では、再び現代に戻り、「Baseball 5（ベースボールファイブ）」を取り上げた。ベースボール型競技のアーバンスポーツである「Baseball 5」は、IOC（国際オリンピック委員会）の唱えるスポーツの都市化に則って考えられた「新しいスポーツ」であった。この「Baseball 5」は、2026年ダカール・ユースオリンピックで採用が決定している。つまり、日本においてはベースボール型競技の導入として位置づけられる「Baseball 5」が、世界的にはベースボール型競技のオーソドックスとなる可能性を持っていることが指摘できた。

これらの作業により、軟式スポーツのレジャー化された側面や模倣といった性質は、「軟式ボール」という用具が生み出した「おもしろさ」に依拠していることが明らかとなった。だが、「軟式化」されたそれぞれの競技は、発展を遂げる中で、大会数が増えたり、競技者層が多様化したりすることでどんどんとその興奮やおもしろさを独自の価値へと変化させていった。大衆はこれら独自の価値を、運動部活動やジュニア期の導入のための簡易ゲーム

を入り口にし、受容していった。軟式スポーツは、硬式への転向や競技の中断といったことを含みつつ、競技人口の多さ、チーム数の多さ、実施可能場所の多さなどにより、再び競技に復帰しやすい状況を作り出している。そうしたある種の「ユルさ」を持ちつつ、競技レベルの高い「おもしろさ」が味わえるようになっている。このように、大衆化と高度化の両面を併せ持ちながら、軟式スポーツは現在までプレイされ続けている。

　軟式スポーツのこうした性質は、「軟式ボール」という用具が生み出したものである。つまり、硬式から軟式へとボールが変わることで、スポーツに内在的な要素としての「おもしろさ」や「興奮」が変化し、そのスポーツを取り巻く文化を変容させたと言える。軟式ボールが誕生、発展した社会的な背景には、物資不足や製造技術の発達度合いといった産業的な要素が大きかったが、文部省やCIEといった政治・行政と製造、卸、小売といった製造販売業がそれぞれ軟式スポーツの意義を見出していた。それにより優先製造、販売にこぎつけ、軟式スポーツが広まる 礎 となった。

　本研究の限界、課題として、4点挙げられる。1つ目は、「軟式スポーツ」として取り扱う横断的研究の試みをどのように評価するのかということである。本書では、軟式ボールを扱うスポーツである野球、ソフトボール、テニスについて、「ボール」という観点で分析軸を設定し、検討を進めていった。検討にあたっては、ノルベルト・エリアスを中心とする「スポータイゼーション」や「興奮の探求」に関する議論を軸に進めたが、社会学理論における分析は、時に資料の持つキーワードを矮小化してしまう可能性がある。本書では、大衆化する様態を指してレジャー化と論じてきたが、高度化する様態も同時に観測ができ、本書においては積み残した課題であると言える。その点については、横断的研究の試みにより論点が抽出され、さらなる研究の深化が見込まれると言えよう。

　2つ目は、軟式スポーツが持つジェンダー要素に十分に言及できていない

ことである。軟式スポーツは、女子に対するスポーツ参加機会を担保している側面がある。例えば、女子野球に曙光を見出したのはインドア・ベースボールであったと、再度引用するが飛田穂洲も次のように指摘している。

　　　数年前故花井早大野球部主事が、マニラからインドーアベースボールを輸入し来り、これを名古屋高等女学校に進めたのが嚆矢となって、同地に開拓され、其後府下大井の小学校の女生にも採用されて、女子野球の曙光を見いだした。[2]

　こうした記述にも明らかなように、女子には硬式野球を行わせることは少なく、インドア・ベースボールやスポンジ野球などを行わせていた。こうした発想は、結果的に女子のスポーツ参加機会を希薄なものにしたり、規模を縮小させたりすることにつながる。事実、ベースボール型スポーツにおいては、男子が野球、女子はソフトボールという構図が定着し、女子の野球、男子のソフトボールは認知度が低いままとなっている。それがオリンピック復帰の際にも影響して男子野球と女子ソフトボールがセットとなって復帰を目指すという経緯を経た。

　軟式スポーツはこうした「ジェンダー規範」に潜む問題を浮き彫りにし、解決に向けた糸口として機能する可能性がある。多木浩二は「ようやくスポーツは両性が平等に実践し、享受すべき文化であることを認めざるをえない地点に到達したことを示している[3]」と述べるが、軟式スポーツは参加が容易な「ユルさ」を持っている点で多木の指摘に適合する。つまり、従来行われている近代スポーツに対する対抗文化であり、スポーツ文化に内在的なダイバーシティの1つであると言える。永井良和は軟式スポーツがダイバーシティとして機能することを指して以下のように述べる。

ゴム製ボールの普及は、子どもが新しいスポーツに参加する可能性を
ひらいた。同じように、女性が新時代のスポーツに親しむ機会をつくっ
たのもゴムのボールだった。（…）

　ところが、野球は女性にふさわしい競技にあらずとの批判が強まる。
女子野球の人気は下火となり、軟式庭球とは対照的な経緯をたどる。

　ひるがえって現在、私たちは年齢や性別に関係なく、自分の体力や技
量にあった種目を選んで楽しむことが可能だ。そのような選択肢のひろ
がりを実現させているのは、軟式のゴムボールなのである[4]。

　軟式スポーツから、多木の提示する視点や永井の示唆を近代スポーツに対
して提示していくことは、エリートスポーツにも生涯スポーツのあり方にも
影響を与え、豊かなスポーツ文化の醸成に有用であると考えられる。

　3点目は、軟式ボールが現在で言う「スポーツ権」の担保のために、戦前
から機能していた可能性についてである。戦前は「硬式ボールでプレーする
に至らない」子供たちのために軟式ボールが製造されたり、戦中では「銃後
の青少年の健全な心身の育成」のために軟式野球が持ち出されたり、戦後で
はいち早く「レジャー」の復興のために軟式ボールの製造が優先されたりし
た背景がある。こういった背景を踏まえると、現在は法律に明記されている
「スポーツ権」を当時の人々はすでに「レジャーの復興」を通じて理解して
おり、その担保のために活動していたとも考えられる。また、軟式ボールが
多くの人々にとってプレーしやすく（playable）親しみやすい用具であり続け
ていることは、「レジャー」を通じてスポーツ権を意識した過去があったか
らではないだろうか。

　4点目の課題は、スポーツにおける模倣について、どのような視座で読み
解いていくかということである。例えば、「Baseball 5」のような新たなス
ポーツの位置づけについて、多様性を持ったままいかに読み解いていくのか

ということである。事例としての「Baseball 5」は、2つの論点を持っている。1つは、「スポーツの都市化」を実行するために、アーバンスポーツの種目として「取り込み」を図っているライフスタイルスポーツの「エートス」との関係である。ライフスタイルスポーツは「単なるスポーツというアクティビティではなく、当事者たちの政治的なコミットメントも含めたライフスタイル、つまり、「生き方」を表現するプラットフォーム(5)」という側面も持つ。生き方を表現するためのスポーツが行われる場として、現在のオリンピックはふさわしいのだろうか。オリンピックに取り込まれるにつれて、パフォーマンスが「数量化」され、それを比較して勝敗が決まる「記録万能主義」が徹底されるといった、グットマンが整理したような近代スポーツの論理に絡め取られてしまう。

　もう1つ、より具体的な論点がある。日本では、Baseball 5がベースボール型競技のスターターゲームとして前面に出ていていない。それは、日本のベースボール型競技を統括するいくつかのIF（国際競技連盟）が、従来の野球・ソフトボールこそが正当なベースボール型競技であると見なしているがために、その「入門編」に「軟式野球」や「ゴムソフトボール」を位置づけていることが理由である。

　日本におけるBaseball 5の位置を確認しておきたい。2026年ダカール・ユースオリンピックに向けて開催される、「第1回 WBSC‐ASIA Baseball 5 アジアカップ」のための日本代表を選考するためのプロセスにそのヒントがある。選考に参加するためには、「これまで全日本野球協会の加盟団体もしくは日本ソフトボール協会に属する団体に選手登録している、もしくはしていた者」という条件を満たす必要がある。ここで肝要なのは、「全日本野球協会の加盟団体もしくは日本ソフトボール協会」という部分である。つまり、今までにプロ野球を除く何かに所属しているチームに登録されたことがあるか、今現在登録されている必要があるということである(6)。

終章　157

ここから、Baseball 5の代表選考についてはプレイヤーを野球・ソフトボール経験者から募ることにより、混沌とした日本におけるベースボール型競技の力学の中に収められていることがわかる。

　しかし、「軟式野球」や「ゴムソフトボール」は世界的には認知されていない。むしろ、本稿で議論したようなオリンピックとユースオリンピックの関係、アーバンスポーツとBaseball 5の関係を考えると、従来の野球、ソフトボールは東アジアの国々とアメリカとその周辺の国々のみでプレイされ、その他の国々のベースボール型競技はBaseball 5に置き換えられてしまうような逆転現象も起きうるのではないだろうか。

　パルマー（Clive Palmer）とラーソン（Larson J.Mitchell）（2015）は、現在のオリンピックが「誤った美的目的やアイデンティティの上に成り立っている過剰な商業的利益に依存しているのではないか」という問題について触れ、それにより「オリンピックが陳腐なものになる」ことへの懸念を示した。今後、延期された東京大会において、アーバンスポーツはIOCが狙った形で結果が出たのか否か、2026年ダカール・ユースオリンピックにおいてBaseball 5が無形のレガシーを残してベースボール型をアフリカ大陸へ広める足がかりとなるのか否か、この点の検証が求められる。それにより、オリンピックを陳腐にしてしまう可能性のある「アーバンスポーツ」とライフスタイルスポーツの「エートス」との関係に対し、近代スポーツのアーバンスポーツ化という視点から、スポーツにおける模倣を読み解く端緒に迫ることができるのではないだろうか。

　以上が、本書において挙げられる今後の課題である。現代的なスポーツを分析していく上で、現代におけるスポーツする主体とはどのようなものであるか、なぜスポーツをするのか、という問いは人類がスポーツに興じ続ける限り、問い続けなければならない。このことは、エリアスの「スポータイゼーション」に対する5つの問いや、感情を抑制しつつ解放するという感情

の閾値の変化という文明化論における主題とも関わる。市井は「エリアスの問題意識は、既存のスポーツとは異なり、「個人主義」、「ハイリスク」、「反競技志向」を特徴とし、近年、「エクストリームスポーツ」、「アクションスポーツ」、「ライフスタイルスポーツ」と称される新たなスポーツの分析に豊かな理論枠組みを提供すると思われる[7]」と述べる。つまり、現代的なスポーツに見られる諸特性が、近代スポーツのもつ特性とは明らかに異なっており、それらを分析するためにエリアスの立てた問いや理論が有用であるという展望がひらけるということである。

　第1章で触れた「興奮の探求」に関連するスポーツが果たす暴力発揮について、菊は、「文明化に対する抵抗を集団的アイデンティティとして社会的に誇示するために、文明化されたスポーツの場をそれとは正反対な真の暴力発揮の飛び地として意図的に利用しようとする[8]」と述べる。このことは言い換えると、善し悪しの両面を持つ社会の進化に対する抵抗ないし社会化されることによる自己表現の抑圧の反動として、スポーツによって抵抗的表明をしたり、自己表現を達成したりしようとするという意味での「飛び地」になりうるだろう。

　また、松井良明は、「スポーツが「運動競技」としての要素を獲得する19世紀以降においてもなお、「スポーツ」が「ゲーム」の要素とともに取り込んだ模擬的な「闘争」という性質が失われることはなかったのである[9]」と述べるが、この「模擬的な「闘争」」は、「暴力発揮の飛び地」であるがゆえに「模擬的」である。つまり、本書で扱ってきたスポーツにおける「模倣」に担保された「興奮の探求」であり、その闘争の正当性、真正性をめぐる闘争がある。

　本書で主題とした、近代スポーツを再解釈した「軟式スポーツ」は、「するスポーツ」としての側面が強い。それゆえに、プレイヤーにとって「真の暴力発揮の飛び地」、「闘争のアリーナ」として機能しうるポテンシャルは十

終章　159

分にある。そこから、軟式スポーツは、自己表現や社会変容に対する抵抗を可能にするポテンシャルは十分に持ちうるし、スポーツ「する」主体を内在的に再確認させてくれる競技として、近代スポーツの1つとして、内在的に対抗しつつも、異なる文化として対峙することになるだろう。

注

序章

（**1**）　週刊ベースボール、1974、p.113

（**2**）　スポーツノート35、1980、p.3

（**3**）　こちらは、「全国高等学校野球選手権大会」であり、「硬式」とはつかない。

（**4**）　延長54回終了時（9イニングの6試合分）に同点の場合は抽選による。

（**5**）　スズキオンライン「【野球史上最長の延長戦】第59回全国高校軟式野球準決勝・中
京×崇徳　延長50回の死闘＆決勝・三浦×中京を見てきた【現地画像・動画あり】」
（https://michsuzuki.hatenablog.com/entry/2014/08/31/024509最終閲覧日2025年1
月2日）

（**6**）　【関西街角文化論】永井良和（100）軟式文化論 - 1 - ゴムボールが広げた　野球とテ
ニスの裾野、産経ニュース、2015年6月28日

（**7**）　本来の目的は、「国際試合」で勝つために国内リーグを機能させることであり、そ
のためにミズノ社は反発係数を抑えたボールのための新素材を開発していた。ス
ポーツナビ─篠崎有理枝「統一球が持つ根本的な問題とは？　プロ野球の信頼を揺
るがした事態に提言」（https://sports.yahoo.co.jp/column/detail/201404230007-
spnavi最終閲覧日2024年11月28日）

（**8**）　この背景には、2012年度ボールの反発係数が、セリーグ・パリーグの双方の「アグ
リーメント」に規定されている数値を下回っており、「飛ばないボール」となって
いた状況を、「内密に」解決するために、2013年度より反発係数を高めたボールを
使用していたということがある。

（**9**）　本来の目的は、「国際試合」で勝つために国内リーグを機能させることであり、そ
のためにミズノ社は反発係数を抑えたボールのための新素材を開発していた。ス
ポーツナビ─篠崎有理枝「統一球が持つ根本的な問題とは？　プロ野球の信頼を揺る
がした事態に提言」（https://sports.yahoo.co.jp/column/detail/201404230007-spnavi
最終閲覧日2024年11月28日）

（**10**）　弁護士資格を持つ元法曹関係者3名に加え、元プロ野球選手の桑田真澄氏をアドバ
イザーとして加えた第三者委員会は、最終的にミズノ社とNPB内部の認識の齟齬を
明らかにした。ハフポスト─郷原信郎「プロ野球「統一球問題」、不祥事の本質は
「環境変化への不適応」」（https://www.huffingtonpost.jp/nobuo-gohara/post_5078_

b_3544012.html 最終閲覧日2022年8月13日）

（**11**）金井淳二、1986b、pp.85-96

（**12**）中村敏雄、1986、pp.132-142

（**13**）佐伯年詩雄、2009、pp.45-57

（**14**）渡正、2007、pp.94-101

（**15**）渡正、2013、p.67

（**16**）渡正、2013、p.67

（**17**）渡正、2013、p.67

（**18**）山本敦久、2020、p.6

第1章

（**1**）松井良明、2015、p.287

（**2**）ノルベルト・エリアス、エリック・ダニング、1986=1995、pp.30‐31

（**3**）ノルベルト・エリアス、エリック・ダニング、1986=1995、p.185

（**4**）市井吉興によると、スポータイゼーションやその背景となる文明化論に対しては,「潜在的な進化論と機能主義との混合」という性質を持つと批判されることがある（市井吉興、2005、p.217）。

（**5**）ノルベルト・エリアス、1969a=1977、p.2

（**6**）ノルベルト・エリアス、1969a=1977、p.258

（**7**）ノルベルト・エリアス、1969a=1977、p.259

（**8**）ノルベルト・エリアス、1969=1977、p.259

（**9**）ノルベルト・エリアス、1986=1995、p.30

（**10**）ノルベルト・エリアス、1969b=1978、p.340

（**11**）ノルベルト・エリアス、1969b=1978、p.340

（**12**）菊幸一、2010、p.220

（**13**）ノルベルト・エリアス、エリック・ダニング、1986=1995、pp.186‐187

（**14**）山下高行、2002、p.377

（**15**）山下高行、2002、p.377

（**16**）デイビット・ロウ、1999、pp.2‐3

（**17**）ジョセフ・マグワイヤ、1999、p.16

（**18**）ジョセフ・マグワイヤ、1999、p.17

（19）ノルベルト・エリアス、1969b=1978、p.369

（20）山下高行は、文明化論を「長期にわたる相互依存の拡大と重層化の過程」であると
した上で、重要な鍵概念として「生存単位（筆者補足：サバイバル・ユニット）」、
「機能的民主化」、「対照性の幅の縮小と変種の増大」を提示している。その上で、
「対照性の幅の縮小と変種の増大」が相互依存の形や発展の議論を方向づけるもの
であるとし、グローバリゼーションを考える上で極めて示唆的であるとする（山下
高行、2002、pp.368 - 369）。

（21）筆者補足。

（22）ジョセフ・マグワイヤ、1999、p.53

（23）ローランド・ロバートソン、1992=1997、p.163

（24）山下高行は、トレーニングや民衆文化といった訳語を当てている（山下高行、2002、
p.374）。

（25）ジョセフ・マグワイヤ、2013

（26）山下高行、2002、pp.374-375

（27）山下高行、2002、p.378

（28）ヘニング・アイヒベルク、1991=1997、pp.165 - 166

（29）山下高行、2002、p.373

（30）ノルベルト・エリアス、1986=1995、p.84

（31）ノルベルト・エリアス、1986=1995、p.84

（32）ノルベルト・エリアス、1986=1995、p.84

（33）社会の文明化の進行により、それらが下流階級にまで浸透することと、そこでの再
解釈により変種が発生することが「対照性の幅の縮小と変種の増大」であり、ここ
での現象もそれに当てはまると言える。

（34）ノルベルト・エリアス、1986=1995、p.219

（35）市井吉興、2000、p.21

（36）ノルベルト・エリアス、エリック・ダニング、1986=1995、p.102

（37）ノルベルト・エリアス、エリック・ダニング、1986=1995、p.232

（38）エリック・ダニング、1999=2004、p.107

（39）ノルベルト・エリアス、1976=1986、pp.123 - 124

（40）ノルベルト・エリアス、1976=1986、pp.235 - 236

（41）ノルベルト・エリアス、エリック・ダニング、1986=1995、p.102

（42）菊幸一、2010、p.220

（43）グットマン、1978=1981、p.32

（44）山下高行、2010、p.231

（45）筆者補足。

（46）ジョン・ハーグリーブス、1986=1993、p.30

（47）ジョン・ハーグリーブス、1986=1993、p.30

（48）山下高行、2010、pp.232‐233

（49）山下高行、2010、pp.232‐233

（50）山下高行、2010、pp.232‐233

（51）サーフィンやスケートボード、パルクール、バスケットボール3 on 3、BMXなど、近年台頭しているスポーツを指す。1960年のアメリカで起こり、自分たちでスポーツを作り上げるようなDIY（Do It Yourself）の要素がある文化。

（52）ノルベルト・エリアス、1987=2000、p.34

（53）ノルベルト・エリアス、1987=2000、p.201

（54）ノルベルト・エリアス、1987=2000、p.261

（55）坂なつこ、2004、p.28

（56）デイビッド・ジェリー、ジョン・ホーン、1995、p.176

（57）市井吉興、2016、p.132

（58）市井吉興、2016、p.132

（59）近年においては、日本スポーツ協会を中心に、プレイヤーセンタードという言葉も提唱されている。

（60）トロプスとは、「だれも"落ちこぼれる"ようなひとのいない、楽しい運動」であり、「敗者のないゲーム」である（影山健・岡崎勝、1984、p.16）。影山健と岡崎勝（1984）は、近代スポーツを「いやらしさ」を持ったスポーツであると捉え、トロプスを記録万能主義や勝利至上主義といった「いやらしさ」に対抗した実践的活動であると位置づける。

（61）中西純司、2012、p.10

第2章

（1）ソフトボールでは慣例として、軟式ソフトボール、硬式ソフトボールという呼称ではなく、ゴムソフトボール・革ソフトボールという呼ばれ方をしている。ここでも

それに倣って表記する。

（2） 全日本軟式野球連盟「国際普及活動について」（https://jsbb.or.jp/global/ 最終閲覧日 2017年1月25日）

（3） 【関西街角文化論】永井良和（100）軟式文化論 - 1 - ゴムボールが広げた 野球とテニスの裾野、産経ニュース、2018年9月28日

（4） 長久保由治、2012、295-304

（5） 田中亮太郎、1993

（6） 田中亮太郎、1994

（7） 功刀俊雄、2019、p.44-54
功刀俊雄、2020、p.44-55

（8） アレン・グットマン、1997＝1994、スポーツと帝国、pp.3‐4

（9） 全日本軟式野球連盟は、昭和21年（1946年）に誕生した、日本国内の高校を除いた軟式野球を統括する組織である。戦前にも「日本軟式野球総合協会」という組織があったが、戦火が激しくなり軟式野球ボールの配給が止まったことを契機に、解散していた（全日本軟式野球連盟、1976、pp.276‐277）。現在の連盟は、「ジュニア世代の育成」、「生涯スポーツとしての軟式野球の環境整備」の2点をミッションとして掲げている。その背景として、「日本に野球が深く根付いた要因のひとつは、安全で安価な軟式ボールが広く普及していることです。スタンドのあるしっかりした球場がなくとも、校庭や広場でも手軽に子どもたちがプレーできる環境があったからこそ、今日の広がりがあるといっても過言ではありません。国民的スポーツである「野球」の更なる発展を目指して、軟式野球ができることをしっかりと認識し、社会に貢献していくことが私どもの責務です」と明記されている。全日本軟式野球連盟「連盟概要」（https://jsbb.or.jp/outline/about/ 最終閲覧日2022年8月30日）

（10） 現在の日本高等学校野球連盟（高野連）は、昭和21年（1946年）に発足した公益財団法人であり、日本の高等学校における硬式野球と軟式野球を統括している組織である。その系譜に位置づけられるのが、全国高等学校野球連盟（昭和22年（1947年）‐昭和38年（1963年））と全国中等学校野球連盟（昭和21年（1946年）‐昭和22年（1947年））である。高野連は組織の主旨を「この法人は、日本学生野球憲章に基づき、高等学校野球の健全な発達に寄与することを目的とする」と定めており、「日本学生野球憲章」に行動の指針を置いている。（日本高等学校野球連盟編、2018）日本学生野球憲章の制定と変化については、中村哲也（2010）『学生野球憲

章とはなにか』が詳しい。

（11） 全日本大学野球連盟は、昭和27年（1952年）に東京六大学、関西六大学、東都大学、東北・北海道、関東、東海、近畿・中国・四国、九州の8連盟を統合し組織された、日本における大学の硬式野球を統括する組織である。戦後の学制改革により、新制大学に昇格した野球を統括するために、昭和22年（1947年）に組織された「新制大学野球連盟」および、東京六大学野球連盟、関西六大学野球連盟、東都大学野球連盟の3連盟による大学野球王座決定戦を行うために組織した「全国大学野球連盟」に「全日本大学野球連盟」のルーツがある。この組織は、目的を「日本学生野球憲章に基づき、大学野球の健全な発達に寄与すること」と定めており、ここにも学生野球憲章の存在が見て取れる。全日本大学野球連盟「連盟紹介」（https://www.jubf.net/profile/history.html 最終閲覧日2022年8月30日）

（12） 日本野球連盟は、昭和24年（1949年）に組織された、日本における社会人野球を統括する組織である。発足当初は「日本社会人野球協会」という名称であったが、昭和60年（1985年）に、財団法人化するとともに、現在の名称になった。（日本野球連盟編、1999）この組織は、基本理念を「1.野球競技の普及振興を図り、人材を育成します」、「2.国民の心身の健全な発達に寄与します」、「3.国際交流と国際貢献を実践します」と掲げ、6つの活動指針を次のように定めている。「1.社会に貢献できる人材を育成する」、「2.ファンに愛される魅力ある野球を実践する」、「3.競技力向上に努める」、「4.地域社会の発展に寄与する」、「5.野球を通じた国際交流と国際貢献を実践する」、「6.新たな社会人野球文化を創造する」このような指針により学生野球、プロ野球との差異化を図っている。

（13） 日本ソフトボール協会は、昭和24年（1949年）に組織された、日本におけるソフトボールを統括する公益財団法人である。昭和24年以前は日本軟式野球連盟（当時）に内包された「ソフトボール部会」であった。これは、組織に関わったGHQが軟式ボールという概念が把握しきれず、ソフトボールと軟式野球を同一の組織にしたという背景がある。日本ソフトボール協会は目的を「わが国におけるソフトボール界を統轄し、代表する団体として、ソフトボールの普及及び振興を図り、もって国民の心身の健全な発達に寄与すること」と定めている。日本ソフトボール協会「JSAの概要」（http://www.softball.or.jp/jsa/outline.html 最終閲覧日2022年8月30日）

（14） 日本テニス協会は、昭和20年（1945年）に「日本庭球協会」として組織された、

日本における硬式ボールによるテニス競技を統括する組織である。大正11年（1922年）にも「日本庭球協会」として組織されていたが、戦時下の煽りを受け、解散させられていた。昭和55年（1980年）財団法人化された際に現在の「日本テニス協会」となった。日本テニス協会「日本テニス協会の歴史」（https://www.jta-tennis. or.jp/history/tabid/253/Default.aspx 最終閲覧日2022年08月30日）。日本テニス協会は、「わたしたちはテニスを通じて、人と人、国と国とをつなぎ、その素晴らしさを伝え、すべての人が健やかで幸福な人生を享受できるような、多様性と調和のある社会の実現に貢献します」という理念を掲げている。日本テニス協会「理念・ビジョン・行動指針」（https://www.jta-tennis.or.jp/jta/tabid/872/Default.aspx 最終閲覧日2022年8月30日）

（15）日本ソフトテニス連盟は、昭和8年（1933年）に組織された、日本におけるソフトテニスを統括する組織である。発足当初は、「日本軟式庭球連盟」という名称であった。全国組織であるこの組織は、戦時中も解散せずに存続し続けた（表孟宏、1985、p.106）。この組織は目的を、「本邦のソフトテニス競技の統一組織としてソフトテニスの普及振興を図り、国民の心身の健全な発達に寄与することを目的とする」と定めている。日本ソフトテニス連盟「日本ソフトテニス連盟定款」（https://www.jsta. or.jp/wp-content/uploads/rule/teikan_b.pdf 最終閲覧日2022年8月30日）。日本テニス協会と同一だった経緯は全くなく、別の組織として発足当初から現在まで続いている。

（16）硬式テニスにおけるトップレベルの競技大会構造は、男子を管轄するAssociation of Tennis Professionals（ATP）、女子を管轄するWoman's Tennis Association（WTA）それぞれがグランドスラムを頂点に、各世界大会を開催している。

（17）本年の数値は日本野球連盟の登録者およびチーム数となっており、全日本野球協会の集計では、1,308,711人が登録されている（笹川スポーツ財団、2020）。

（18）笹川スポーツ財団、2020、2017、2014、2011、2006より筆者作成。〔 - 〕はデータなしを指す。

（19）日経新聞によると、創部は校長裁量であるが、全国中体連非加盟のために創部を見送るというのが現状である。地区ごとには加盟している中学校も存在している。全国中体連非加盟であるがゆえに、中体連による全国中学校体育大会に硬式テニスが開催競技として含まれていない。詳細は2015年11月4日付日本経済新聞参照。

（20）笹川スポーツ財団、2020、2017、2014、2011、2006より筆者作成。

(21) 笹川スポーツ財団、2020、2017、2014、2011、2006より筆者作成。

(22) 笹川スポーツ財団、2020、2017、2014、2011、2006より筆者改変。

(23) 中澤篤史、2014、p.322

(24) 【関西街角文化論】永井良和（100）軟式文化論‐1‐ゴムボールが広げた 野球とテニスの裾野、産経ニュース、2015年6月28日

(25) この当時、軟式野球ボールのサイズを大きくすることが検討されており、この後、拡大され硬式ボールと同じサイズへと変更される。

(26) 軟式野球が生んだ男、週刊ベースボール21（4）、1966年1月24日、p.37

(27) 越智正典はNHKでアナウンサーを務めた。

(28) 軟式野球が生んだ男、週刊ベースボール21（4）、1966年1月24日、p.37

(29) 軟式野球が生んだ男、週刊ベースボール21（4）、1966年1月24日p.37

(30) 板谷昭彦、2014、p.16

(31) 板谷昭彦、2014、p.16及び日本ソフトボール協会、チーム登録規定、http://www.softball.or.jp/jsa/rules/pdf/jsa_Entry.pdf（最終閲覧日2025年1月24日）より筆者作成。

第3章

(1) 権学俊、2021、p.152

(2) 沢田敏雄、1931

(3) 山下高行、市井吉興、2011、p.66

(4) 沢田敏雄、1931、p.56

(5) 沢田敏雄、1931、p.5

(6) 谷釜尋徳、2021、p.152

(7) 谷釜尋徳、2021、p.152

(8) 谷釜尋徳、2021、p.153

(9) 谷釜尋徳、2021、p.153

(10) 谷釜尋徳、2021、p.153

(11) 日本庭球連盟、1985、p.192

(12) この言葉のローンとは、芝生を示す「lawn」である。テニスの正式名称であり、ここで言うテニスは「硬式テニス」のことを指す。

(13) 林郁子、2010、pp.99‐100

(14) 中村ら、2015、p.1167

(15) 浅野一好、1994、西暦の補足は筆者による。

(16) 後藤光将、2008

(17) 旧制中学校におけるOB、OG会組織のこと。

(18) 日本体育学会編、2006、p.197

(19) 坂上康博、2001、p.21

(20) 剣菱浩、1994、圏点は筆者による。

(21) 全日本軟式野球連盟、1976、p.14

(22) 全日本軟式野球連盟、1976、p.14

(23) 全日本軟式野球連盟、1976、p.14

(24) 全日本軟式野球連盟、1976、p.14

(25) 全日本軟式野球連盟、1976、p.14

(26) 全日本軟式野球連盟、1976、p.15

(27) 全日本軟式野球連盟、1976、p.16

(28) 全日本軟式野球連盟、1976、p.16

(29) 功刀俊雄によると、鈴鹿栄が考案した当初のボールである「毎日ボール」が、『軟式野球史』で述べられる「大正7年の夏」よりも前に誕生しており、それを用いた大会も実施されていたということである。また、『軟式野球史』で軟式野球ボールの始まり、つまり少年野球用ゴムボールとして紹介される「児童ボール」は「毎日ボール」を「改製」したものであったともされている。

(30) 全日本軟式野球連盟、1976、p.59

(31) 吉田渚、1980、『ソフトボール』旺文社、p.29。吉村正（1983）は、この受容以前から、「ベース・ボール」がレクリエーション的に変容し、ソフトボールと極めて近い競技が行われていたことを指摘している。

(32) 筆者補足。

(33) 岡田健、2010、和暦の補足は筆者による。

(34) 日本ソフトボール協会、1980、pp.33-34

(35) 日本ソフトボール協会「JSAの概要」

(36) 吉村正、丸山克俊、1980、p.650

(37) 吉村正、丸山克俊、1980、p.650

(38) 飛田穂洲は、早稲田大学野球部の初代監督。大正15年には朝日新聞社に入社し、野球評論を書いた。

(**39**) 飛田穂洲、1920、p.43

(**40**) 飛田穂洲、1920、p.43

(**41**) 日本ソフトボール協会初代専務理事を務めた。

(**42**) 日本ソフトボール協会編、1980、p.29

(**43**) 中村哲也、2010、p.110

(**44**) 1945年11月18日に、早稲田大学と慶應義塾大学の現役、OBが混交して結成したチームの対抗戦が行われた。これは、戦争により現役学生だけではチーム編成できなかったことによる（坂上康博、2001、p.199）。

(**45**) 坂上康博、2001、p.195

(**46**) 黒岩康博、2018、「地域の野球を護るもの―京阪の運動具店と中央運動社―」白川哲夫、谷川譲編『「甲子園」の眺め方――歴史としての高校野球』pp.91‐107

(**47**) 中村哲夫ら、1998

(**48**) 寳學淳郎、木村吉次、庄司節子、大熊廣明、中村哲夫、真田久、中嶋健、2004、pp.1-13

(**49**) 木村吉次（2000）は、スポーツ用品小売業の戦後復興過程について、(1) 戦時の配給構造の解体や独占禁止法の発布をきっかけに新規参入が緩和されたこと、(2) 同時に製造・卸売・小売の三者を一体に捉える三層の構想が、物品税や統制の廃止を求める運動のエネルギーとなっていたこと、(3) 物品税や統制の廃止、百貨店や生協が脅威となってきた1954年‐56年頃には、小売業の組合が事業協同組合へと改組される活動が活発となったこと、(4) 小売業者は零細な企業が多かったために、経営ノウハウやサービスの質的向上や人材育成の観点が欠けているケースが多く、『新報』は繰り返しサービスの改善や店員教育の記事を掲載し、1953年頃にはそれらが改善されていることが読み取れる。

中嶋健ら（2003）は、戦後日本におけるスポーツ用品業界は、まず生産資材別の業界団体を設置し、戦後の物資不足に対応してスポーツ用品の急速な供給を実現した。そして、地方卸団体を統括する「日本運動用具卸商業会」の設立によって、戦後経済統制下におけるスポーツ用品の需給関係が整備されると同時に、スポーツ用品業界の「三層（製造―卸売―小売）」の成立が見られた。この成立には、戦後経済政策への対応と統制への抵抗という2つの方向性を持っていて、それをつなぐものとして「スポーツ用品卸売業界」があった。

中村哲夫ら（2008）は、戦後の統制経済の下で出発した製造、卸、小売の戦後ス

ポーツ用品業界にとって、市場の拡大による利益がそのまま各業界の利益に反映されてきた。しかし統制の解除は、この各業界の秩序を乱す契機を含むことになる。また、製造業者や卸業者が直接消費者と取引きしたり、製造業者と小売業者が直接取引したりするケースも出現する。『新報』は三層構造の秩序を乱す「商道の破壊」を戒め、三層構造の秩序を守ることを提案し、「商業道徳の振起興隆」を訴えてきた。

(50) その間、『シンポウ』（1972年8月〜1978年3月）、『スポーツ産業新報』（1978年4月以降）と2度の名称変更があった。

(51) 日本運動具新報、1948年3月1日、p.1

(52) 山田午郎は、東京蹴球団に所属した元サッカー選手であり、朝日新聞社の社員だった。

(53) 日本運動具新報、1949年4月1日、p.2 より筆者作成。

(54) 佐藤彰宣、2018、pp.12-13

(55) 全日本軟式野球連盟、1974、p.71

(56) 全日本軟式野球連盟、1974、p.71

(57) 全日本軟式野球連盟、1976、pp.68-69

(58) 運動用具のために文部省へ割り当てられた資材のうち、軟式野球ボールを製造するために使用された割合を指す。

(59) 日本運動具新報、1948年3月1日、p.2 より筆者作成。

(60) 日本運動具新報、1948年3月1日、p.2

(61) 木村吉次ら、2000、p.28

(62) 木村吉次ら、2000、p.28

(63) 木村吉次ら、2000、p.28

(64) この物品税をめぐる「攻防」は、1989年の消費税法施行による物品税廃止まで続くこととなる。

(65) 経済安定9原則とは、次の9つの項目からなる。①支出を厳重に引き締め、かつ必要と認められる新しい収入を考えることも含めて最大限の収入を確保することによって、1日も早く総合予算の真の均衡を図ること。②収税計画を促進強化し、脱税者に対して迅速かつ広範囲にわたって徹底的刑事訴追措置をとること。③融資は日本経済の復興に貢献する諸事業にだけ与えるように厳重に限定すること。④賃金安定を実現するための効果的計画を作成すること。⑤現行物価統制計画を強化し、必要があればその範囲を拡張すること。⑥外国貿易管理の操作を改善しかつ現行外

国為替管理を強化すること、これらの措置を適切に日本側機関に移譲することができる程度まで行うこと。⑦現行の割り当て並びに配給措置を、とくに輸出貿易を最大限に振興することを目標として、改善すること。⑧すべての重要国産原材料並びに工業製品の生産を増大すること。⑨食糧供出計画の能率を改善すること。上記の整理をするにあたり、神川和久の文献を参照した（神川和久、2008）。

(66) デトロイト銀行頭取で、GHQ経済顧問の任を受けていた。

(67) 日本運動具新報、1949年2月1日、p.1

(68) 日本運動具新報、1949年7月1日、p.2

(69) 「（…）ワンアウトボールがよくわからない。おそらくは野球がスリーアウトなので、ワンアウトで攻守の切り替えを早くする、今日でいうところのベースボール型の教材と推測される」（石井浩一、2018、p.8）という記述や、「JOHN.W少佐が考えた、「ワン・アウト・ボール」という新しい遊び」で、「このゲームは野球やラグビーに似たもので、柔らかい皮のボールを一つだけで遊ぶことが出来た」（昭和館デジタルアーカイブ、https://search.showakan.go.jp/search/photo/detail.php?id=90042178 最終閲覧日2025年1月24日）という記述もあるが、ゲームの詳細は不明なままである。

(70) 中袋とは、バレーボールやサッカーボールで使用するボールの内部構造のゴムのことを指す。

(71) 日本運動具新報、1949年9月15日、p.1より筆者作成。少数は四捨五入のため、総計は100%を超える。

(72) 日本運動具新報、1949年10月15日、p.2

(73) 日本運動具新報、1949年10月15日、p.2。こうしたことの原因について、高橋は「主食の場合等は之（配給ルート外流通）なくしては生活の成り立たない時代さえあった」が、ゴムについては「ルート外の出廻り量が、全要求の何パーセントか、中には配給全量を上回る場合すらあるのに、これが全然配給計量の算盤から洩れている為に、根本的な誤算の原因がある」と述べた。

(74) 日本運動具新報、1949年8月1日、p.1

(75) 日本運動具新報、1951年3月1日、p.6

(76) 日本運動具新報、1951年3月1日、p.6

(77) 日本で唯一、「Baseball 5」の公式認定球を製造することができる企業でもある（三谷舜、2021）。

(78) 日本運動具新報、1949年12月1日、p.1

(79) 日本運動具新報、1949年12月1日、p.1

(80) 坂上康博（2001）は、「明治維新後、アメリカから輸入された野球は、学生たちの心をたちまちのうちに捉え、20世紀に入る頃には、学生スポーツの中では王座の地位を占めるようになる。彼らにとって野球は、正課体育において、教師の号令のもとに整然とおこなわれる体操や軍事教練ではけっして得ることのできない「愉快」な体験であり、またそれは剣術や柔術などの日本の伝統文化にはない、青空のもとでの身体の開放感をもたらした」（p.153）と述べる。

(81) 日本運動具新報、1949年12月15日、p.1

(82) 全日本軟式野球連盟、1976、p.106より筆者作成。

(83) 日本運動具新報、1952年9月1日、p.3

(84) 日本運動具新報、1952年9月1日、p.3

(85) 日本運動具新報、1952年12月15日、p.6

(86) 日本運動具新報、1953年1月1日、p.3

(87) 日本運動具新報、1953年1月1日、p.3　この欄は呉羽ゴム工業株式会社（現マクセルクレハ株式会社）東京営業所長の高橋正平が書いたものであるが、高橋正平は同じ文中において「ゴム製球技用品が（中略）安直で便利なのでかなり広まったが、従来の革製にとって変わるまでいかないのは連盟関係の規定などの他に、我が国民性にもとづく本物か代用品かを考えたがる本物追求心も起因しているのではあるまいか」とし、「どうも日本人はライカだのコニカだと高いものを欲しがるのと同じである」と述べる。それを前置きとし、海外製の硬式テニスボールが売れ出した状況を「大体、軟式（テニス：筆者補完）は我が国独特のものだが硬式は国際的であるというのが一つの魅力であろう」と分析している。

(88) 全日本軟式野球連盟編、『軟式野球史』、p.83

(89) 都道府県予選、ブロック予選、東京での全国大会と、非常に恵まれた大会環境であったことが窺える。この大会の内実として、主催者は「警察の外郭団体とでもいうべき防犯協会」で、「運営は警察署」が行っており、「少年たちのイメージとしっくりいかない点もあった」という（全日本軟式野球連盟編、『軟式野球史』、p.83）。

(90) 全日本軟式野球連盟編、『軟式野球史』、p.83

(91) 日本運動具新報、1957年12月15日、p.1

(92) 日本運動具新報、1958年2月15日、p.5

（93）日本運動具新報、1958年2月15日、p.38

（94）根拠法となる自然公園法の第1条は「この法律は、優れた自然の風景地を保護するとともに、その利用の増進を図ることにより、国民の保健、休養及び教化に資するとともに、生物の多様性の確保に寄与することを目的とする」となっている。

（95）日本運動具新報、1957年9月1日、p.2

（96）東京に本部を置く宗教法人。1960年代までは野球部があり、その源流に軟式野球部があった。

（97）週刊ベースボール、1974年8月、p.113

（98）sportizationという単語にはスポーツ化という訳語が当てられていることが多い。しかし、本稿においては単なる歴史プロセスでなく、理論として再考するために原語をカタカナ読みした「スポータイゼーション」を採用する。

（99）エリアスの問題関心は、スポーツの発生と普及、競技大会の発生と普及が、産業化の過程や政治における「文明化の過程」に見られるようなユニークな傾向が発見できるかどうかというところにある。エリアスのいう「ユニークな傾向」とは、産業化の過程においては、産業革命以前の「産業」と産業革命以降の「産業」には社会的に厳密に異なる意味を持っているということであった。政治における「文明化の過程」においては、政治が言語ゲーム化したことと、暴力に対する閾値（嫌悪を感じる範囲）の変化に相関が見られたことであった。

（100）松井良明、2015、p.317

（101）【関西街角文化論】永井良和（102）軟式文化論‐3‐硬式の代わりでなく 見なおすべき可能性、産経ニュース、2015年7月12日

（102）全日本軟式野球連盟、1976、p.37

（103）World Baseball Softball Confederation「Baseball 5 Rules」（https://static.wbsc.org/wp-content/uploads/baseball5-rules-eng.pdf 最終閲覧日2020年8月27日）

（104）市井吉興、2016、p.144

第4章

（1）　谷釜尋徳、2021、p.186

（2）　谷釜尋徳、2021、p.186

（3）　レッドブルジャパン「エリウド・キプチョゲ：マラソン2時間切りの秘密」（https://www.redbull.com/jp-ja/eliud-kipchoge-sub-two-marathon-in-numbers 最終閲覧日

2020年4月30日）

(4) シューズのみならず、電気自動車による先導や、オリンピックや世界選手権の長距離部門でメダルを獲得した選手たちがペースメーカーとして、集団で囲むように伴走し、空気抵抗やペースコントロールにおいても、人為的な管理下で記録が出されたことには留意が必要である。また、コースも標高差が2.4mしかないコースを周回し、観衆も途切れないように配置された。

(5) 文春オンライン「シューズで見る箱根駅伝　青学大の選手たちがアディダスからナイキに履きかえた驚き」（https://bunshun.jp/articles/-/24055 最終閲覧日2020年4月30日）

(6) 朝日新聞朝刊、2020年2月1日、「ナイキ厚底、条件つき容認　東京五輪」

(7) 朝日新聞夕刊、2020年2月1日、「ナイキの厚底靴、「4センチ以下」ルール　五輪に使用可能　世界陸連」

(8) 朝日新聞、2020年2月2日、「厚底シューズ、五輪も駆ける　世界陸連、市販品は原則OKに」

(9) 山本敦久、2020、pp.54-58

(10) 山本敦久、2024、p.67

(11) 国際水泳連盟は2010年に、水着をめぐる騒動に決着をつけるべく新たな規定を設けた。そこでは、①身体の面積に対する水着の面積の制限、②重ね着の禁止、③水着への貼り付け加工の禁止、④繊維もしくは編物以外の素材の禁止、⑤厚みの制限、⑥浮力効果の禁止、⑦通気性の新規定、の以上7点が定められた（森敏生、2015、p.42、p.69）。

(12) ロイター通信「五輪＝競泳の北島、水着騒動に「抗議」のTシャツ」（https://jp.reuters.com/article/idJPJAPAN-32147220080607 最終閲覧日2020年3月5日）

(13) 金井淳二、1986b、p.98

(14) 金井淳二、1986b、p.98を基に筆者作成。

(15) スポーツにおける自然環境は、欠くことのできない必要な環境条件と、その環境の有無がゲームの成立に寄与しない環境条件とがある。

(16) 金井淳二、1986b、p.94

(17) 金井淳二、1986b、p.94

(18) 金井淳二、1986b、p.94

(19) 金井淳二、1986c、p.147

（20）本節は、菅原禮、1984、pp.38-40と橋本純一、1984、pp.79-86をベースに技術の分類を検討している。

（21）菅原禮は「逆に、技術の発明が道具の改良の契機となる場合もある」とも述べている（菅原禮、1984、p.180）。ここでは、スポーツのパフォーマンスや用具を使いこなすためのスキルの開発や進歩が道具を変化させる方向に影響する可能性について言及している。

（22）菅原禮、1984、p.27

（23）樺俊雄は、1904年生まれ、1980年没の哲学者・社会学者。数学者樺正董を祖父に持ち、安保闘争で死亡した東京大学の女子学生樺美智子の父である。文化社会学や哲学に関する著書を多数残している。

（24）菅原禮、1984、p.27

（25）菅原禮、1984、p.28

（26）環境の1つになる用器具のことを指す。陸上競技のハードル、ゴール型競技におけるゴールなどのこと。フィールドやコートの形、性質を決める用器具であることが多い。

（27）野球におけるグローブ、スパイク、陸上におけるスターティングブロックなど。この用具の扱い方が、スポーツの動作やイメージを方向づけることが多い。

（28）菅原禮、1984、pp.38‐40と橋本純一、1984、pp.79‐86を基に筆者作成。

（29）菅原禮、1984、p.39

（30）菅原禮、1984、p.274

（31）菅原禮、1984、p.275

（32）中村敏雄、1986、pp.132‐142

（33）中村敏雄、1986、p.134

（34）中村敏雄、1986、p.135

（35）中村敏雄、1986、p.137

（36）中村敏雄、2008、pp.24‐41

（37）中村敏雄、1986、p.138

（38）中村敏雄、1986、p.137

（39）中村敏雄、1986、p.137

（40）文春オンライン「シューズで見る箱根駅伝　青学大の選手たちがアディダスからナイキに履きかえた驚き」（https://bunshun.jp/articles/-/24055 最終閲覧日2020年4月

30日）

（41）山下高行、1986、p.221

（42）だが、山下高行（1986）は1986年当時において、「技術問題の核心は、大衆化として現れているスポーツの広範な普及状況において、それが質の向上を欠落した量的拡大に留められている点」にあると述べた。山下はこの理由を、大衆は低次のスポーツ技術の追求、スポーツエリートは高度なスポーツ技術の追求という構図を、大衆のスポーツ技術の学習に関する制度的補償の欠如に見出している。このことに関しては、渡正も「スポーツ文化と人間・科学技術の関連を歴史化・相対化して捉える視点が重要だという従来の批判は確かに重要であり、現在でもそれが適切に配達されていない以上、言い続けなければならない」（渡正、2016、p.87）と述べている。

（43）佐伯年詩雄、2012、p.62

（44）佐伯年詩雄、2012、p.63

（45）佐伯年詩雄、2012、p.63

（46）佐伯年詩雄、2012、p.63

（47）佐伯年詩雄、2012、p.63

（48）渡正、2007、p.101

（49）渡正、2007、p.101

（50）渡正、2013、p.53

（51）渡正、2013、p.67

（52）渡正、2013、p.67

（53）渡正、2013、p.67

（54）渡正、2016、pp.85‐86

（55）渡正、2016、pp.85‐86

（56）渡正、2007、p.87

（57）佐伯年詩雄、2012、p.63

（58）現在はソフトテニスボールと呼ばれる。1992年に軟式テニスからソフトテニスに改称された。

第5章

（1）朝日新聞デジタル「夏季五輪、24年パリ・28年ロス正式決定　IOC総会」（https://

www.asahi.com/articles/ASK9F653BK9FUTQP023.html 最終閲覧日2020年7月22
日）

（2）　2004年に開催されたアテネ大会では、開催地選定の過程で11の都市が立候補して
いた。しかし、2024年の開催地選定にあたっては、パリとロサンゼルスの2都市の
みが立候補するにとどまっていた。この間に、4回のオリンピックが開催されたが、
その立候補都市数も11から徐々に減少傾向にあった。このことの背景には、財政的
な問題、環境的な問題がある。こういった問題に対して、当初の計画を上回る出費
や環境への悪影響が及ぶことや、そもそも住民の合意を取りつけることの難しさが
含まれている。BBC news JAPAN「なぜオリンピック招致から撤退する都市が相次
いでいるのか」（https://www.bbc.com/japanese/features-and-analysis-46257994 最終
閲覧日2020年9月11日）

（3）　市井吉興、2020a、pp.71-83

（4）　市井吉興、2019、pp.170-182

（5）　市井吉興、2020a、市井吉興、2020b、pp.7-23

（6）　朝日新聞『五輪、日程・会場変えず　来夏、組織委発表』2020年07月18日、東京
版朝刊1面

（7）　International Olympic Committee「NEW FRONTIERS: URBANISATION OF
SPORTS」（https://www.olympic.org/olympism-in-action/new-frontiers-urbanisation-
of-sports 最終閲覧日2020年8月27日）

（8）　市井吉興、2019、p.179

（9）　日本オリンピック委員会「OLYMPIC AGENDA 2020 20+20 RECOMMENDATIONS」
（https://www.joc.or.jp/olympism/agenda2020/pdf/agenda2020_en_20160201.pdf、
p.10 最終閲覧日2020年8月25日）

（10）　この他にも、独立行政法人国際協力機構（JICA）によるものがある。そこでは、青
年海外協力隊の一環としての「発展途上国」への指導者派遣や、JICAと大学が連
携し、日本の大学チームが現地へ赴いてプレイをともに行うといったことが行われ
ている。

（11）　World Baseball Softball Confederation「Baseball 5」（https://baseball5.wbsc.org/ 最
終閲覧日2020年7月22日）

（12）　2020年9月16現在、YouTubeで「street baseball」と検索すると、上位に「The
Cuban version of baseball - Red Bull 4Skinas（https://youtu.be/AYRh-Bd1ohA）」と

いう動画が出る。細かいルールの違いは見受けられるものの、ほぼBaseball 5の原型をなしている。このRed bull社が行った「4Skinas（クアトロ・エスキーナス）」に関する調査と検討は今後の課題となる。キューバで行われているストリートベースボールの日常風景は、「Street Baseball（https://youtu.be/euuKgcI-1-0)」や「Cuatro Esquinas‐street baseball in Cuba（https://youtu.be/s1k6Cvwg5sU)」が参考になるだろう（なおそれぞれの動画の最終閲覧日は2020年9月16日である）。

（**13**）朝日新聞GLOBE＋ 波戸健一、「フランス生まれ、手でボールを打つ野球「ベースボール5」ユース五輪にも採用」（https://globe.asahi.com/article/13612090 最終閲覧日2020年8月31日）

（**14**）杉本尚次は、見る野球という視座より野球場を検討し、「祝祭空間ともいえるスタジアム（ボール・パーク）」というように表現した。同論文の中で杉本尚次は、祝祭空間の構築には、エリア・アイデンティティを充足させる機能や社交的空間の機能、その空間で実施されるスポーツのプロフェッショナル化が要素として存在することを、日米の比較から指摘している（杉本尚次、1999、pp.1‐19）。

（**15**）石原豊一、2021、p.39

（**16**）この歌は現地で演奏されており、ライブさながらの盛り上がりを見せる。他の球場内演出についても、一部を除き生演奏である。https://vt.tiktok.com/ZSR5hFfuM/

（**17**）Olympics「Cuatro Esquinas: The Basics of Street Baseball In Havana｜Arriba Cuba」https://www.youtube.com/watch?v=xYjnA_57Qvc（最終閲覧日2025年2月3日）
動画の概要欄には以下のように説明が付されている（筆者訳）。
四つのコーナーに即席ボールと棒きれ（stick）。これがハバナのストリートベースボール。過去に例を見ない変革期を迎えているキューバ。この国のスポーツ界の過去、現在、未来を探究しよう。

（**18**）brentmcd「Cuatro Esquinas‐street baseball in Cuba」https://www.youtube.com/watch?v=s1k6Cvwg5sU（最終閲覧日2022年12月21日）
動画の概要欄には、以下のように説明が付されている。（筆者訳）
キューバのシエンフエゴス（キューバの中央部南岸、首都ハバナから250km程度離れた地方都市）でストリートベースボールやクアトロエスキーナス（四つ角）をする子供たちのグループ。プレートでのプレー。落球。エラー、ホームラン。バットもグローブもなく、ハンドボールと同じような感覚でプレイしているのが面白い。楽しそうだ。2009年12月撮影。

（19）Red Bull社は、エクストリームスポーツやモータースポーツの普及・啓発に力を入れており、競技そのもののスポンサード、大会への出資、選手へのスポンサードなど、様々な方法でエクストリームスポーツやモータースポーツ、ストリートスポーツを支援している。

（20）強調は筆者による。World Baseball Softball Confederation「Baseball 5 Rules」（https://static.wbsc.org/wp-content/uploads/baseball5-rules-eng.pdf 最終閲覧日2020年8月27日）

（21）World Baseball Softball Confederation「Zimbabwe growing the game in country & Africa with young urban Baseball5 discipline」（https://www.wbsc.org/news/zimbabwe-growing-the-game-in-country-africa-with-young-urban-baseball5-discipline 最終閲覧日2020年7月22日）

（22）World Baseball Softball Confederation「Baseball 5 Rules」（https://static.wbsc.org/wp-content/uploads/baseball5-rules-eng.pdf 最終閲覧日2020年8月27日）

（23）World Baseball Softball Confederation「2019: Baseball5 - continues to spread like "wildfire"」（https://www.wbsc.org/news/2019-in-review-baseball5-another-year-of-exceptional-growth 最終閲覧日2020年7月22日）

（24）World Baseball Softball Confederation『Baseball5 added to Youth Olympic Games Dakar 2022 sports programme』（https://www.wbsc.org/news/baseball5-added-to-dakar-2022-sports-programme 最終閲覧日2020年08月31日）

（25）市井吉興、2019、pp.174‐176

（26）原文は2026年への延期が反映されていなかったが、延期されたことを確認した上で、2026年と訳した。World Baseball Softball Confederation「Baseball5 added to Youth Olympic Games Dakar 2022 sports programme」（https://www.wbsc.org/news/baseball5-added-to-dakar-2022-sports-programme 最終閲覧日2020年7月22日）

（27）ノルベルト・エリアス、エリック・ダニング、1986=1995、p.102

（28）ノルベルト・エリアス、エリック・ダニング、1986=1995、p.102

（29）菊幸一、2010、pp.222‐223

（30）三谷舜、2022、p.132

（31）菅原禮、1984、pp.38‐40

（32）橋本純一、1984、pp.79‐86

（33）杉本隆、2005、p.40‐41

（34）World Baseball Softball Confederation「Baseball 5」(https://baseball5.wbsc.org/ 最終閲覧日2020年7月22日)

終章

（1）【関西街角文化論】永井良和（102）軟式文化論 - 3 - 硬式の代わりでなく 見なおすべき可能性、産経ニュース、2015年7月12日

（2）飛田穂洲、1920、p.43

（3）多木浩二、1995、p.152

（4）【関西街角文化論】永井良和（101）軟式文化論－2－年齢性別超え広がる スポーツの選択肢、産経ニュース、2015年7月5日

（5）市井吉興、2020、p.79

（6）強調は引用者による。全日本野球協会「Baseball 5日本代表デジタルチャレンジ」(https://baseball5.jp 最終閲覧日2020年9月20日)

（7）市井吉興、2016、p.146

（8）菊幸一、2010、p.222-223

（9）松井良明、2015、p.304

あとがき

「小学校4年生からソフトボールを20年やってきました。野球チームに入ったことはありません」。近年、私は競技に関連して自己紹介を行う時、このように述べることが多い。それは、少しでも「印象づけたい」思いがあってのことであるが、なぜ30歳の男性の自己紹介で、それが「印象的」なのであろうか。それは、ソフトボールが「女性イメージ」の強い競技であり、「生涯スポーツ志向」のイメージが持たれる競技だからであろうと推察しているから他ならない。

　そうした中で、私は高校から大学の間にソフトボール競技に取り組む中において大きな転換を経験した。ゴムボールと呼ばれる白いゴム製の軟式ボールを使ってプレーした高校生までは、比較的競技力も高く、スポーツ推薦のお声がけもいただいていた。大学進学によって革ボールと呼ばれる黄色い革製の硬式ボールを使用することになったが、ここで、思うような結果も残せず、チームの中心的な選手になることもなかった。今考えると、学生アスリートとしてのマインドが未熟で、練習不足だったのであるが、ボールが変わることによる競技の変容は、この時にたしかに問いとして抱いた。

　そこから、野球やテニスの事例を調べる中で、軟式の現場にはたしかに独自の文化や、その場でスポーツを実践し、体現している人がいることを知った。ここから、競技者としての自分の問いが学術的問いに変わっていくのであった。

　今まさに、多くのスポーツ競技は競技人口の低下を課題とし、「文化」の存続をかけて取り組みを続けている。本書で取り上げた軟式スポーツは、どれもが児童でも、中高年になっても楽しむ姿が見られる競技である。少子化

という日本社会の問題を解決しつつも、軟式スポーツの姿には、スポーツ自体が忘れてしまっている「内在的な価値」があるのではないかと考えさせられる。

＊　　　　　＊　　　　　＊

　本書は、著者が2023年3月に立命館大学大学院に提出した博士論文、「興奮の探求とスポーツ用品との関係──軟式スポーツを事例としたスポータイゼーションの再構成」がもとになっている。それぞれ、初出は以下の通りである。

第1章　現代スポーツ研究 第2号
第2章　中京大学体育研究所紀要 第39巻
第3章　書き下ろし
第4章　書き下ろし
第5章　立命館大学人文科学研究所紀要126 号および135 号

　本書のもととなる博士学位論文を執筆している期間は、日本社会にとってもスポーツ界においても、学界においても激動の最中であった。入学した2019年はラグビーワールドカップが日本で開催された。私の出身地、東大阪市花園においても試合が実施され、観戦に行った。その翌年2020年には、新型コロナウイルス感染症の蔓延で、資料の調達ひとつとっても、難しい状況となった。なんとか1年でイベントや各種公共施設も使用できるようになった。2021年には、前年から延期された東京オリンピックが開催され、無観客のスポーツイベントにおいて、盛り上がりを見せるという読解に難しい状況になっていた。2022年は、野球伝来150年として、野球界の様々な

組織が介して、多様なイベントを展開していた。

　このような激動の中、研究活動を遂行するにあたっては様々な方々にお世話になった。私が在学した立命館大学では、まずは学部から修士課程、博士課程まで一貫してお世話になった市井吉興先生に感謝申し上げたい。先生のアイデアと学識には今でも驚かされ、それは学部ではじめて抱いた新鮮さとなんら変わりません。また、修士課程で副査をお願いした松島剛史先生には、基本的な資料の読解から自分の視座の狭さについて、的確かつ気づきを尊重する形でご指導いただいた。博士課程で副査をお願いした飯田豊先生には、スポーツという対象に没頭して方法論や枠組みで迷走する中、異なる観点をいつも示唆いただいた。岡田桂先生には、博士論文全体としてのバランスを意識したコメントをいつもいただき、研究全体を俯瞰して検討することの重要性を教えていただいた。同時期に大学院に在籍した、角田燎さんと小川実紗さんとは、研究上の真面目な話をした5秒後に、振り切ってふざけた話をしたり、深夜まで連れ立って究論館研究室にこもったりと、この2人の存在無くしては修了の日を見ることはなく、本書は世に出なかった。大学院の先輩である佐藤彰宣さんには、暖かい言葉をいつもかけてもらい、同時にその背中から研究への姿勢や成果の出し方を学ばせていただいた。

　角田氏とは、大学院在学中に乗ったタクシーで運転手に言われた「最近の若い人は勉強やなんやいうてばっかりや、手に職つけなあかんで、なぁ」という言葉を共有し、爆笑しながらも、社会の評価を目の当たりにしたような気になり、それぞれ帰宅したことを今でも昨日のことのように思い出す。

　2021年より任期制講師として着任した中京大学においても、多くの人々に助けていただきながら、本書の研究を進めることができた。二瓶雄樹先生には、先輩として、同僚として、上司として、授業、部活、研究、慣れない愛知生活において、すべての面でこの上なく助けていただいている。重ねて感謝申し上げたい。來田享子先生は、同じスポーツ分野の人文社会系として

雲の上のような存在の人物だと思い着任したが、気さくにお声かけいただき、授業も研究もなんでも相談できるような存在であり、私には身に余る光栄である。千葉直樹先生には、着任後すぐに大学院の授業にお声がけいただき、右も左もわからない私に研究の話ができる学内コミュニティをご紹介いただいた。吉田毅先生には、研究対象や方法について、社会学的意義があると叱咤激励いただいた。先生に追いつけるように精進を重ねたい。冨田幸祐先生とは、お互いが中京大学に着任する前から研究会で交流させていただいていたが、同じ大学に勤務することになり驚いたとともに、優しさに甘えて本書の原稿まで下読みしてコメントしていただいた。安江あ也香先生には、同じ軟式研究ということで、駐車場でも実習授業の最中でも、様々に情報交換をさせていただいた。

　また、ソフトボールにより縁を紡いだ人々にも感謝したい。東京理科大学の柳田信也先生には、人間として、コーチとして、研究者として、様々な教えをいただき、ソフトボールに携わりつつ研究者として生きる道を示していただいた。立命館大学の野口義文副学長には、自分が大学入学から大学院を修了するまで、ソフトボール部の先輩として、またソフトボール部の副部長として優しく励ましの声をかけていただいた。

　また、着任後に監督となった自分を暖かく迎え入れてくれた、中京大学ソフトボール部の学生たちと、OB、OGにも感謝を伝えたい。未熟すぎる自分の成長に、学生をつき合わせ迷惑をかけ続けていることを反省しながらも、前に出て偉そうな発言をして、また内省する、この毎日である。

　最後に、両親へ。普段はロクに連絡もせず、勝手に修士課程、博士課程への進学を決定し、勝手に一人暮らしをはじめた自分に対し、いつも心配し、応援を続けてくれる両親には、「ありがとう」以上の感謝を伝えたいが、言葉が見つからない。本書の発行により、大学院に行ったことの成果を見せられて、自分としては少しだけホッとしている。オカンには「10年も大学いっ

たのにアホのまんまやな、小学生の時の方が賢いんちゃうか」と常々言われるが、小学生の時は薬剤師になりたいと言っていたのに、任期付きの大学教員である自分は、まだまだ「アホのまんま」で生きていくことになりそうです。親孝行は少しずつさせてください。

　創元社の山口泰生さんには、博士論文の提出前から構想を聞いていただき、書籍化の計画をしていただいた。また、具体的に出版を進めるにあたっては、同社の山下萌さんに大変お世話になった。遅々としてという表現以上に進まない作業に、暖かいエールを送りつつ、とてもマネできないスピードで編集作業を行っていただいた。お2人の力なくして、ここまで書き上げることはできませんでした。ありがとうございました。

＊　　　　　　＊　　　　　　＊

　なお、本書の出版に際しては、中京大学出版助成による支援を受けている。
　また、研究の遂行に関しては、2020年にヤマハ発動機スポーツ振興財団によるスポーツチャレンジ研究助成（奨励）にご支援をいただいたことがとても大きい。これにより、コロナ禍においても研究活動を止めることなく実施することができた。両助成とも、このような未熟な研究にご支援くださり、ありがとうございました。

2025年1月2日　三谷 舜

参考文献

浅野一好、1994、「軟式テニスボール」『日本ゴム協会誌』67（6）、pp.408-410

石原豊一、2017、「うどん県・高松のど真ん中にボールパークを造ろう！」『スポーツ産業学研究』27（1）、pp.107‐110

―――、2021、「世界中で進む野球場のイノベーションとしての「ボールパーク」〜韓国における新球場の事例を中心に〜」『ベースボーロジー』14、pp.37‐61

板谷昭彦、2014、「ソフトボールの規格の違いによる競技者の現状―女子選手を対象として―」『園田女子大学論文集』48

市井吉興、2000、『文明化過程としての社会構成―ノルベルト・エリアスの社会学的想像力―』立命館大学大学院社会学研究科博士学位請求論文

―――、2003、「エリアス社会学のパースペクティブ――文明化過程・宮廷社会・スポーツ――」京都民科歴史部会編『新しい歴史学のために』253、pp.1-11

―――、2016、「スポーツを闘争のアリーナとして読み解く――エリアス・ブルデュー・ハーグリーヴスのスポーツ研究を導きに――」日暮雅夫・尾場瀬一郎・市井吉興編『現代社会理論の変貌せめぎ合う公共圏』ミネルヴァ書房、pp.127-148

―――、2019、「「アーバンスポーツ」と二〇二〇東京オリンピック――国際オリンピック委員会が期待する「スポーツの都市化」とは何か？」『唯物論研究年誌』24

―――、2020a、「「ニュースポーツ」とスポーツツーリズム―スポーツツーリズムの資源としての「ニュースポーツ」の可能性とは？」『観光学評論』8（1）

―――、2020b、「2020東京オリンピック後のライフスタイルスポーツ―カンタン＝ブローの「預言」への一考察―」『スポーツ社会学研究』30（1）

―――、2020c、「「創造的復興」と延期された2020東京オリンピック――例外状態・ニュー・ノーマル・ライフスタイルスポーツ」『大原社会問題研究所雑誌』742

―――、2021、「オリンピックが生み出す「資本主義リアリズム」――現代オリンピックと資本主義の諸相への一考察」『大原社会問題研究所雑誌』755、756

稲垣正浩、今福龍太、西谷修、2009、『近代スポーツのミッションは終わったか――身体・メディア・世界』平凡社

権学俊、2006、『国民体育大会の研究――ナショナリズムとスポーツ・イベント』青木書店

―――、2021、『スポーツとナショナリズムの歴史社会学――戦前＝戦後日本における

天皇制・身体・国民統合』ナカニシヤ出版

内海和雄、2013a、「スポーツ・フォー・オールと福祉国家」『広島経済大学論集』35（4）、pp.29‐61

―――、2013b、「戦後日本の福祉とスポーツ」『広島経済大学研究論集』36（1）、pp.1‐31

内海博文、2014、「社会学とグローバリゼーション―― N.エリアスのスポーツ研究を手がかりに――」日本社会学史学会編『社会学史研究』36、pp.3‐18.

―――、2014、『文明化と暴力 エリアス社会理論の研究』東信堂

岡田健、2010、「ソフトボール」『日本ゴム協会誌』83（5）、pp.143‐145.

表孟宏・日本軟式庭球連盟、1985、『日本庭球史―軟庭百年』日本軟式庭球連盟

貝島桃代、2000、「トーキョー・建築・ライナーノーツ：3 アーバンスポーツ」『10+1』20、INAX

影山健・岡崎勝編、1984、『みんなでトロプス――敗者のないゲーム入門』風媒社

金井淳二、1986a、「I　スポーツ技術と人間」伊藤高弘、草深直臣、金井淳二編『スポーツの自由と現代　上巻』青木書店、pp.130‐156

―――、1986b、「第1章　スポーツの起源とスポーツ技術」草深直臣、芝田徳造、水田勝博編『新版　現代・スポーツ・健康』文理閣、pp.85‐96

―――、1986c、「第2章　スポーツ技術の概念」草深直臣、芝田徳造、水田勝博編『新版　現代・スポーツ・健康』文理閣、pp.97‐109

神川和久、2008、「シャウプ勧告の再考」『税大ジャーナル』9、pp.91‐110

菊幸一、2010、「暴力の抑制 エリアス／ダニング『スポーツと文明化』」井上俊ほか編『社会学ベーシック8 身体・セクシュアリティ・スポーツ』世界思想社、pp.219‐228

―――、1997、「エリアス派スポーツ社会学と身体/Body」『スポーツ社会学研究』（5）、pp.15‐25

木村吉次、中嶋健、大熊廣明、真田久、庄司節子、中村哲夫、小畠哲、寳學淳郎、2000、「わが国におけるスポーツ用品小売業の戦後復興過程に関する研究―「日本運動具新報」の記事分析を通して―」『スポーツ産業学研究』10（1）、pp.23‐33

草深直臣、1986、「終章　スポーツと人間的自由」伊藤高弘、出原泰明、上野拓郎編『スポーツの自由と現代　下巻』青木書店、pp.497‐514

功刀俊雄、2019、「少年野球用ゴムボール誕生史の諸問題（1）―「毎日ボール」の誕生

と消滅—」『現代スポーツ研究』3、pp.44‐54、新日本スポーツ連盟附属スポーツ科学研究所

―――、2020、「少年野球用ゴムボール誕生史の諸問題（2）―「日本最古」の「毎日ボール」と「ブランブルボール」―」『現代スポーツ研究』4、pp.44‐55、新日本スポーツ連盟附属スポーツ科学研究所

剣菱浩、1994、「軟式野球ボール」『日本ゴム協会誌』67（4）、pp.269‐271

後藤光将、2008、「日本における近代テニスの受容過程――男性性の鼓舞の側面に着目して――」『明治大学教養論集』(437)、pp.1‐18

―――、2011、「大正期日本のテニスにおける高級採用の経緯と意義」阿部生雄監修、大熊廣明、真田久、榊原浩晃、齋藤健司編　『体育・スポーツの近現代――歴史からの問いかけ――』不昧堂出版、pp.232‐250

佐伯年詩雄、2009、「体力とテクノロジーの「これから」を考える―スポーツ的身体のメタモルファシスに注目して―」『スポーツ社会学研究』17（1）、pp.45-57

―――、2012、「スポーツ用品と身体」井上俊、菊幸一編『よくわかるスポーツ文化論』ミネルヴァ書房、pp.62‐63

―――、2012、「スポーツ科学の発展」井上俊、菊幸一編『よくわかるスポーツ文化論』ミネルヴァ書房、pp.64‐65

坂上康博、2001、『にっぽん野球の系譜学』青弓社ライブラリー

坂なつこ、2004、「文明化論再考――グローバリゼーションにおけるエリアスとスポーツ」『一橋大学スポーツ研究』23、pp.27‐34

―――、2011、「スポーツにおける文明化論と今後」『スポーツ社会学研究』19（1）、pp.39‐54

―――、2018、「ノルベルト・エリアスにおけるサバイバル・ユニットとスポーツ」『一橋大学スポーツ研究』37、pp.59‐64

SSF笹川スポーツ財団、2006、『スポーツ白書～スポーツの新たな価値の発見～』SSF笹川スポーツ財団

笹川スポーツ財団、2011、『スポーツ白書～スポーツが目指すべき未来～』笹川スポーツ財団

―――、2014、『スポーツ白書～スポーツの使命と可能性～』笹川スポーツ財団

―――、2017、『スポーツ白書～スポーツによるソーシャルイノベーション～』笹川スポーツ財団

―――――、2020、『スポーツ白書〜2030年のスポーツのすがた〜』笹川スポーツ財団

―――――、2023、『スポーツ白書〜次世代のスポーツ政策〜』笹川スポーツ財団

佐藤彰宣、2018、『スポーツ雑誌のメディア史――ベースボール・マガジン社と大衆教養主義』勉誠出版

沢田敏雄、1931、『プロレタリア・スポーツ必携』東京同人社

清水諭、2016、「グローバリゼーションとスポーツにおける意味の変容」『スポーツ社会学研究』24（2）、pp.41‐51

白川哲夫・谷川穣、2018、『「甲子園」の眺め方――歴史としての高校野球』小さ子社

庄司節子、木村吉次、中嶋健、大熊廣明、真田久、小畠哲、中村哲夫、寶學淳郎、2000、「わが国の戦後復興期におけるスポーツ用品業界とスポーツ競技団体との関係―スポーツ用具の公認制度をめぐる問題について―」『スポーツ産業学研究』10（1）、pp.11‐22

新星出版編集部編、2009、『ボールのひみつ』新星出版

全日本軟式野球連盟編、1976、『軟式野球史』ベースボールマガジン社

菅原禮編、1984、『スポーツ技術の社会学』不昧堂出版

杉本尚次、1999、「ベースボール・スタジアムと都市環境：スポーツ地理学」『人文研究』49（1）、pp.1-19

高嶋航、2019、「女子野球の歴史を再考する：極東・YMCA・ジェンダー」『京都大學文學部研究紀要』58、pp.165‐207

―――――、2021、『スポーツからみる東アジア史―分断と連帯の二〇世紀』岩波書店

多木浩二、1995、『スポーツを考える』ちくま新書

谷川建司、2021、『ベースボールと日本占領』京都大学学術出版会

谷釜尋徳、2021、『ボールと日本人　する、みる、つくるボールゲーム大国ニッポン』晃洋書房

飛田穂州、1920、「女子の野球」『新小説』、pp.40-44

豊島誠也、田里千代、2019、「都市空間での波に乗る――アーバンスポーツとしてのサーフィンの可能性と課題」、『体育の科学』69（8）

永井良和、2015、「【関西街角文化論】永井良和（１００）軟式文化論－１－ゴムボールが広げた　野球とテニスの裾野」産経ニュース、最終閲覧日2025年1月31日

―――――、2015、「【関西街角文化論】永井良和（１０１）軟式文化論－２－年齢性別超え広がる　スポーツの選択肢」、産経ニュース、最終閲覧日2025年1月31日

────────、2015、「【関西街角文化論】永井良和（１０２）軟式文化論－３－硬式の代わりでなく 見なおすべき可能性」、産経ニュース、最終閲覧日2025年1月31日

中澤篤史、2014、『運動部活動の戦後と現在──なぜスポーツは学校教育に結び付けられるのか』、青弓社

中嶋健、木村吉次、大熊廣明、庄司節子、中村哲夫、真田久、實學淳郎、2003、「わが国戦後復興期におけるスポーツ用品業界団体の設立経緯」『スポーツ産業学研究』13（2）、pp.13‑22

中西純司、2012、「文化としてのスポーツの価値」『人間福祉学研究』5（1）、pp.7‑24

中村哲夫、真田久、實學淳郎、大熊廣明、中嶋健、木村吉次、小畠哲、庄司節子、1998、「わが国におけるスポーツ用品製造業界の戦後復興過程に関する研究」『スポーツ産業学研究』8（1）、pp.19‑27

中村哲夫、庄司節子、大熊廣明、真田久、中嶋健、實學淳郎、木村吉次、2008、「わが国戦後復興期におけるスポーツ用品卸業組合の役割とその活動」『スポーツ産業学研究』18（1）、pp.1‑15

中村哲也、2010、『学生野球憲章とはなにか　自治から見る日本野球史』青弓社ライブラリー

中村敏雄、1986、「近代スポーツにおける自然と人工」『現代思想　特集＝スポーツの人類学』14（5）、青土社、pp.132‑142

────────、1995、「第1章　変貌するスポーツ環境」『日本的スポーツ環境批判』大修館書店、pp.25‑87

────────、2008、「3　メンバーチェンジの思想」、清水諭編『中村敏雄著作集5　スポーツのルール学』創文企画、pp.24‑41

中村俊夫、高橋健夫、寒川恒夫、友添秀則編集主幹、2015、『21世紀スポーツ大事典』大修館書店

西山哲郎、2006、『近代スポーツ文化とはなにか』世界思想社

日本ソフトボール協会、1980、『協会三十年史』日本ソフトボール協会

日本体育学会監修、2006、『最新スポーツ科学事典』平凡社

橋本純一、1984、「第2部　スポーツ技術の構成」菅原禮編『スポーツ技術の社会学』不昧堂出版、pp.55‑130

早川武彦、2005、「1.“メディアスポーツ”その概念について─スポーツの本質にねざすメディアスポーツ論に向けて─」『一橋大学スポーツ研究』24、pp.3‑12

林郁子、2010、「ソフトテニスをする身体」竹谷和之編著『〈スポーツする身体〉とはなにか──バスクへの問い・PART1 ──』叢文社、pp.92‐118

實學淳郎、木村吉次、庄司節子、大熊廣明、中村哲夫、真田久、中嶋健、2004、「占領下日本におけるCIEのスポーツ用品供給措置（1946‐1949）─CIE体育担当官の活動を中心に─」『スポーツ産業学研究』14（2）、pp.1‐13

町村敬志、2000、「グローバリゼーションのローカルな基礎」『社会学評論』50（4）、pp.556‐571

松井良明、2015、『球技の誕生──人はなぜスポーツをするのか』平凡社

松島剛史、2007、「スポーツのグローバリゼーション所論におけるスポーツ構成的視角の位置に関する試論」『京都体育学研究』23、pp.1‐9

松元智道、2000、「「トップボール」の出現と準硬式野球の成立について─「神戸」の軟式野球関係者が担った役割を中心に─」〈財団法人〉水野スポーツ振興会1999年度研究助成金研究成果報告書『スポーツ用具史研究の現状と課題』pp.68‐76

三谷舜、2017、「スポータイゼーション再考に向けて：エリアス・ダニング・マグワイヤの議論を参考に」『現代スポーツ研究』2、pp.47‐60

────、2019、「〈書籍紹介〉Andy Miah著『Sport2.0 進化するeスポーツ、変容するオリンピック』」『現代スポーツ研究』3、pp.62‐65

────、2019、「軟式ボールの意味変容に関する考察：スポーツを用具の観点から把握する試み」『日本体育学会第70回大会　体育社会学専門領域発表抄録集』1、pp.1‐6

────、2021、「「スポーツの都市化」が近代スポーツに与えるインパクトとは？：アーバンスポーツ化されたベースボール型競技「Baseball 5」の文化社会学的考察」『立命館大学人文科学研究所紀要』126、pp.147‐170

────、2022、「パルクールジムにおける「環境の用具化」：パルクールにおけるスタイルと環境の考察に向けて」『立命館大学人文科学研究所紀要』130、pp.111‐136

────、2023、「ボールパークからストリートへ：ベースボール型競技におけるアーバンスポーツ化の力学」『立命館大学人文科学研究所紀要』135、pp.107‐130

────、2023、「ベースボール型競技のアーバンスポーツ化─Baseball 5に見るスポーツの「おもしろさ」の再構築─」『現代スポーツ評論』49、創文企画、pp.87‐97

森敏生、2015、「4　スポーツ競技力と技術革新」武蔵野美術大学身体運動文化研究室編『スポーツ・健康と現代社会』武蔵野美術大学出版局、pp.34‐43

山下高行、1986、「Ⅴ　スポーツ技術・科学の開放と体制」、伊藤高弘、草深直臣、金井淳二編『スポーツの自由と現代　上巻』青木書店、pp.221‐241

───、2002、「補論　グローバリゼーションとスポーツ」、有賀郁敏編『近代ヨーロッパの探究8 スポーツ』ミネルヴァ書房、pp.366‐387

山下高行、市井吉興、2011、「マルクス主義的スポーツ研究の課題と展望─日本とイギリスの研究からその変遷と課題を素描する」『スポーツ社会学研究』19（1）、pp.55‐72

山本敦久、2019、「ポストスポーツの時代─ビッグデータとアスリートの変容する身体─」『現代スポーツ評論』41、創文企画、pp.15‐27

───、2020、『ポスト・スポーツの時代』岩波書店

───、2024、「ポスト・スポーツ論の射程─部位と機械からなるアッセンブルな「身体」─」『思想』1206、pp.66-81

山本正雄、1975、『スポーツの社会・経済的基礎』道和書院

吉村正、1983、「明治時代におけるソフトボール（ベース・ボール）の歴史的研究」、『早稲田大学体育研究紀要』18、pp.41–49

吉村正、丸山克俊、1980、「ソフトボールの歴史的研究─起源から名称統一まで─」『日本体育学会号』31、p.650

吉田渚、1980、『ソフトボール』旺文社、p.15

リー・トンプソン、2010、「21　儀式から記録へ　A.グットマン『スポーツと現代アメリカ』」、井上俊、伊藤公雄編『社会学ベーシック8　身体・セクシュアリティ・スポーツ』世界思想社、pp.209–218

渡正、2007、「インダストリー・技術・レギュレーション──モータースポーツを事例に」『現代スポーツ評論』16、創文企画、pp.94‐101

───、2013、「テクノロジーの進展とスポーツ」『現代スポーツ評論』29、創文企画、pp.52‐68

───、2016、「スポーツ科学の価値と未来」『現代スポーツ評論』34、創文企画、pp.79‐88

Eichberg, Henning（清水諭訳）、1997、『身体文化のイマジネーション──デンマークにおける「身体の知」』新評論

Elias, Norbert, 1983, Der Fußballsport Im Prozeß der Zivilisation in Der Satz—Der Ball ist rund‐hat eine gewisse philosophische Tiefe, Buchverlag.（岡野進訳、1986、「文明

化の過程におけるサッカー」『現代思想』14‐5、pp.122‐131)

――――, 1987, Die Gesellschaft der Individuen, Frankfurt am Main, Suhrkamp.（宇京早苗訳、2000、『諸個人の社会――文明化と関係構造』、法政大学出版局）

――――, 1969a, "Uber den Prozeß der Zivilisation 1", Suhrkamp.（赤井慧爾ほか訳、1977、『文明化の過程・上　ヨーロッパ上流階級の風俗の変遷』、法政大学出版局）

――――, 1969b, "Uber den Prozeß der Zivilisation 2", Suhrkamp.（波田節夫ほか訳、1978、『文明化の過程・下　社会の変遷／文明化の理論のための見取り図』法政大学出版局）

――――, 2017, Fragments on Sportisation, Excitement Processes: Norbert Elias's unpublished works on sports, leisure, body, culture, Springer VS.

Elias, Norbert and Dunning, Eric, 1986, Quest for Excitement, Oxford, Blackwell.（大平章訳、1995、『スポーツと文明化―興奮の探求』法政大学出版局）

Guttmann, Allen, 1978, From Ritual to Record: The Nature of Modern Sports, Columbia University Press, New York.（清水哲男訳、1981、『スポーツと現代アメリカ』、TBSブリタニカ）

――――, 1994, GAMES & EMPIRES: Modern Sports and cultural imperiarism, Columbia University Press, New York.（谷川稔、石井昌幸、池田恵子、石井芳枝訳、1997、『スポーツと帝国　近代スポーツと文化帝国主義』昭和堂）

Hargreaves, John, 1986, SPORT, POWER AND CULTURE: A Social and Historical Analysis of Popular Sports in Britain, Polity Press, Cambridge.（佐伯聰夫、阿部生雄訳、1993、『スポーツ・権力・文化――英国民衆スポーツの歴史社会学』不昧堂出版）

Jary, David and Horne, John,（市井吉興、坂なつこ訳）、1995、「Ⅳスポーツとレジャー研究におけるフィギュレーション社会学再論」Jary, David and Horne, John、清野正義、橋本純一、山下高行編『スポーツ・レジャー社会学　オールターナティヴの現在』道和書院

Krüger, Michael, 1997, "De l'importance de la théorie de processus et de figuration de Norbert Elias pour le sport et la science du sport: Zum 100. Geburtstag von Norbert Elias", Sportwissenschaft, 27 (2), 129‐142（坂なつこ・有賀郁敏訳、1998、「スポーツ及びスポーツ科学に対するプロセス＝フィギュレーション理論の意義について―ノルベルト・エリアス生誕100年によせて―」、『立命館産業社会論集』34 (1)、

pp.201‐214）

Maguire, Joseph, 1999, Global Sport: identities, societies, civilizations, Polity Press: Cambridge.

─────, 2013,Reflections on Process Sociology and Sport: 'walking the line', Routledge: New York.

Palmer, Clive and Larson J. Mitchell, 2014, "When（or how）do the Olympics become 'stale'?"、Sport in Society、18（3）、Routledge、London

Robertson, Roland, 1992, Globalization: Social Theory and Global Culture, Sage Publications（阿部美哉訳，1997,『グローバリゼーション　地球文化の社会理論』, 東京大学出版会）

Rowe, David（ed.）, 2004, Critical Readings: Sport Culture and the Media, UK. Open University Press

Wheaton, Belinda, 2013, The Cultural Politics of Lifestyle Sports, Routledge（市井吉興、松島剛史、杉浦愛監訳、2019、『サーフィン・スケートボード・パルクール：ライフスタイル───スポーツの文化と政治』、ナカニシヤ出版）

索 引

あ

アーバンスポーツ　15, 47, 126, 127, 128–149, 150, 153, 157, 158
愛好家　14, 61, 85, 97
曖昧さ　137, 138
アジェンダ 2020　131
アレン・グットマン　37, 38, 44, 50, 114, 152
安価　13, 14, 58, 81, 83, 95, 101, 123, 151
安全性　35, 57, 71

い

一般的スポーツ手段　106
入れ替え　15, 126, 127, 128–132
インドア・ベースボール　73, 74, 93

う

ヴェイパーフライ　102, 103, 104, 116, 117, 118
運動部活動　14, 49, 54, 55, 56, 57, 68, 153

え

エリウド・キプチョゲ　102
エリック・ダニング　22, 34, 35, 43

お

越智正典　58, 59
おもしろさ　12, 15, 17, 40, 44, 46, 61, 99, 101–124, 147, 150, 151, 153, 154
オリンピック　7, 47, 48, 53, 63, 84–86, 103, 104, 113, 125, 126, 127, 128, 129, 130–132, 149, 150, 155, 157, 158
　ムーブメント　128–132
　ユース　15, 97, 142, 143, 144, 149, 153, 155, 157, 158
卸　81, 82, 83, 85, 88, 90, 154

か

開催国オリンピック組織委員会（OCOG）　126
「賭け」からの近代化　112
学校　50–62, 67–74, 77, 87, 92, 96, 123, 155,

金井淳二　10, 105–108, 109, 111, 115, 119
環境の用具化　145, 146, 149
感情　19, 22, 33, 35, 94, 144, 158
間接的スポーツ手段　106
官僚化　37, 38, 50

き

機関紙　78
狐狩り　34, 35, 39, 93
機能主義　11, 15, 30, 111, 113–116, 118, 121, 122, 153
機能的民主化　29
『宮廷社会』　27
教育　49, 52–57, 62, 74, 95
教育性　12
『協会三十年史』　73
競技化　94, 137, 138, 143, 145
競技空間　113, 114, 115
競技大会のスポータイゼーション　24, 94
競技方法　113
協定価格　87, 88
教養　78
記録万能主義　37, 38, 114, 115, 157
近代スポーツの指標　37, 38, 44, 50, 114

く

クアトロエスキナス　135, 136, 137, 138, 142
功刀俊雄　49
グローバリゼーション　25, 27, 28, 29, 30, 94, 96
『Global Sport』　25
軍需省　80

け

警視庁防犯課　87
検定　79, 80, 137

こ

硬式
　テニス　43, 51, 54, 56, 67
　ボール　12, 14, 47, 60, 61, 65, 66, 90, 95, 96, 123, 156

野球　8, 9, 49, 51, 53, 54, 55, 58, 68, 69, 75, 87, 91, 123, 152, 155
厚生省　72, 80
公定価格　85, 87, 88
高度化　9, 14, 15, 17, 43, 45, 48, 89-92, 97, 99, 101, 102, 105, 111, 115, 117, 118, 121, 125, 154
興奮　12, 13, 15, 31, 32, 34, 35-36, 61, 92, 94, 101, 128, 144, 145, 148, 151, 152, 153, 154
興奮の探求　12, 13, 14, 17-46, 92, 93, 98, 99, 101-124, 128, 144-149, 150, 152, 154, 158, 159
小売　81, 90, 154
国際オリンピック委員会（IOC）　15, 26, 125, 126, 127, 128, 129, 130, 131, 142, 143, 149, 153, 158
国際競技連盟（IF）　126, 157
国家　23, 28, 29, 30, 31, 42, 46
子どもの自主性　57

さ

佐伯年詩雄　11, 118
サバイバル・ユニット　41-44
産業化　24, 32, 33, 35, 36, 93

し

GHQ（連合国軍最高指令官総司令部）　14, 72, 75, 89
自然な身体　11, 105, 119, 120, 121
社会的な変化　21
『週刊ベースボール』　78, 90, 91
自由販売化　83, 84
状況的道具　108, 119, 147
ジョージ・アダムス・リーランド　66
『諸個人の社会』　41
ジョン・ハーグリーブス　38, 39, 40, 41, 44, 152
自律　32, 38, 39, 43, 44
心情的な変化　21, 22
真の暴力発揮の飛び地　145, 159
『新小説』　72, 73

す

数量化　37, 38, 114, 157
菅原禮　108-112, 115, 116-118, 121
スキル　15, 44, 101, 104, 105, 108-112, 116-118, 120, 121, 122, 125, 132, 147
スターターゲーム　14, 15, 97, 149, 157
スツールボール　18
ストリートベースボール　133, 135
ストレッチ・ソング　134
スポータイゼーション　17-46, 92-98, 99, 152, 154, 158
　グローバル　25-31
スポーツ
　活動　49, 54-57
　過程　25, 106, 107, 108, 111
　技術　102, 105-112, 115, 117, 121
　技術論　10, 15, 99, 101, 104, 105, 108-112, 116-118, 121, 125, 149, 150, 153
　実践　9, 44
　社会学　10
　社会学者　30, 50
　手段　105-112, 119, 121
　手段論　45, 105-108
　生涯　14, 49, 156
　『スポーツと文明化』　22, 31, 92, 145
　の都市化　15, 126, 127, 128-132, 142, 143, 149, 153, 156
　『スポーツ白書』　52
　文化　17-46, 47, 50, 93-94, 119, 123, 125-150, 151, 155, 156
　目的論　45
　用具　10-13, 47-62, 63-100, 101-124
　用品　26, 64, 66, 81, 90, 118
　レジャー　80, 82, 84, 87, 89, 91, 92, 99, 118, 120, 122
スポンジボール　68, 69, 70, 73
スポンジ野球　73, 155

せ

生産　25, 39, 79, 80, 81, 84, 99, 151
政治性　104, 127
正当性　43, 95-98, 99, 101, 127, 129, 131, 159

索引　　197

世界野球ソフトボール連盟（WBSC）　15, 26,
　　97, 126, 128, 132, 133, 137, 141, 143, 148,
　　157
切断　37, 71
全国高校軟式野球選手権大会　8
全国高等学校体育連盟　55
全日本軟式野球連盟　48, 50, 52, 55, 58, 69,
　　70, 71, 79, 80, 87

そ

相互作用　29, 41, 42, 43, 45, 120
ソフトテニスボール（軟式庭球ボール）　47,
　　66-68, 69, 74, 83, 92
ソフトボール　47-62, 65, 66, 68, 71-74, 93,
　　95, 96, 97, 126, 127, 128, 129, 131, 132,
　　133, 137, 138, 139, 140, 142, 143, 144, 147,
　　148, 149, 154, 155, 157
　革　53, 71
　ゴム　47, 48, 53, 66, 68, 71-74, 75, 83, 92,
　　157, 158

た

体育　14, 57, 72, 73, 75, 76, 80, 89, 92, 96
体育・スポーツの民主化・大衆化政策　75
大衆化　12, 14, 15, 40, 49, 75, 105, 116, 117,
　　118, 121, 125, 154
対照性の幅の縮小と変種の増大　26, 27, 28,
　　29, 40

ち

中央競技団体　26, 37, 38, 43, 46, 49-52 61, 63,
　　152
中学校体育連盟　54
中学校保健体育科学習指導要領　57
中世の遊戯　18, 23
直接的スポーツ手段　106, 109

て

DIY　136
テクノロジー　11, 15, 26, 102, 104, 105, 111,
　　112-118, 119, 120, 122, 123, 129, 153
伝播　25, 28, 29, 72, 93, 94, 95

と

統一球　10, 12
東京高等師範学校　67, 71, 73
闘争のアリーナ　15, 49-52, 100, 153, 159

な

ナイキ社　102
内在的な価値　12, 15, 17, 18, 61, 101, 122,
　　123, 151
永井良和　9, 48, 58, 59, 95, 151, 155, 156
長瀬ゴム社　82, 83
中村敏雄　11, 112, 113, 114, 115, 118, 121
軟式
　スポーツ　17-46, 47-62, 63-100, 125-153
　テニス　67, 70, 122
　ボール　7-9, 12-13, 17-46, 52-57, 65-74,
　　78-79, 86-89
　野球　7-9, 47-59, 68-70, 74-92

に

日本運動具新報　63, 75, 76, 77-79, 83, 84, 86,
　　88, 98, 99, 152
日本高等学校野球連盟　50, 52, 55, 56
日本ソフトテニス連盟　51, 52
日本ソフトボール協会　48, 51, 52, 71, 72, 157
『日本庭球史　軟庭百年』　67
日本テニス協会　51, 52, 54

の

ノルベルト・エリアス　17, 18-25, 27, 28, 92,
　　128, 144, 152, 154

は

配給　75, 78-79, 81, 82, 96

ひ

非軍事化　75
飛田穂洲　72, 73, 93, 155
平等化　37, 114

ふ

フィギュレーション　20, 25, 27, 36-44

フェルトボール　66, 67
物品税　76, 80, 81, 84-86
船津國夫　58
プレイヤー　14, 23, 30, 35, 36, 38, 40, 43, 45, 46, 48, 99, 102, 104, 110, 115, 117, 118, 119, 137, 152, 159
プレー・グラウンドボール　74
『プロレタリア・スポーツ必携』　64, 65, 84
文化帝国主義　50
文明化の過程　19, 20, 22, 23, 27, 31, 32
文明化の噴流　19, 22

へ

ベースボール型競技　7, 8, 12, 48, 57, 74, 96, 97, 99, 125, 126, 127, 128, 132-144, 147
Baseball 5　15, 97, 125-150, 156, 157, 158
『ベースボール・マガジン』　7

ほ

棒高跳　11, 106, 115
防犯少年野球大会　87
暴力　23, 24, 25, 31-36, 93, 94, 145, 159
ポール　11, 106, 115
ボールパーク　133, 135
ホーレス・ウィルソン　68
補助的道具　108, 109, 110, 120, 147
ポスト・スポーツ　103, 120, 121

ま

松井良明　18, 19, 94, 159
マナー　20, 23, 24, 27, 93

み

水着　102, 104
民間情報教育局（CIE）　75, 76, 152, 154
民主化　75

め

メジャーリーグベースボール（MLB）　134
メディアスポーツ複合体　25, 26

も

モータースポーツ　11, 119, 120
模倣　35-36, 94, 98, 117, 118, 152, 153, 156, 158, 159

や

野球害毒論　63
山下高行　25, 28, 30, 44, 116
山本敦久　11, 103

よ

余暇　19, 20, 24, 25, 33, 144

ら

ランニングシューズ　102

り

リカルド・フラッカリ　133, 149

る

ルール　23, 31-36, 38, 39, 51, 56, 57, 64, 68, 70, 94, 96, 97, 104, 108, 111, 120, 133, 135, 136, 137, 138, 141, 142, 143, 145

れ

レーザーレーサー　104, 118
レクリエーション　14, 72, 89
レジャー　12, 14, 15, 31, 44, 46, 61, 63, 83, 84, 86, 89-92, 97, 99, 101, 123, 144, 152, 153, 154, 156
Red Bull 社　136, 137

ろ

ローランド・ロバートソン　27, 28

わ

渡正　11, 119, 120
割当　79, 80, 81, 82

■著者略歴

三谷 舜 みたに しゅん

1994年鳥取市生まれ、その後大阪府東大阪市にて育つ。2021年より中京大学スポーツ科学部任期制講師。
2023年立命館大学大学院社会学研究科応用社会学専攻博士課程後期課程修了、博士（社会学）。専門はスポーツ社会学、スポーツ文化論。特に、スポーツ用具とスポーツの変容の関連について研究している。また、ソフトボールの指導者としても活動し、2023年U23男子ワールドカップに日本代表総務スタッフとして帯同し準優勝、2023年から大学男子選抜チームのアシスタントコーチも務める。
主な著書に『スポーツ社会学事典』（共著、丸善出版）、『パルクールジムにおける「環境の用具化」：パルクールにおけるスタイルと環境の考察に向けて』（立命館大学人文科学研究所紀要130号）、『パルクールと都市：トレイサーのエスノグラフィ』（共訳、ミネルヴァ書房）、『サーフィン・スケートボード・パルクール：ライフスタイルスポーツの文化と政治』（共訳、ナカニシヤ出版）などがある。

装丁・ブックデザイン　森 裕昌（森デザイン室）

軟式ボールの社会学
近代スポーツの日本的解釈の可能性

2025年3月20日　第1版第1刷　発行

著　者　三谷舜
発行者　矢部敬一
発行所　株式会社創元社
　　　　https://www.sogensha.co.jp/
　　　　〔本　　社〕〒 541-0047 大阪市中央区淡路町 4-3-6
　　　　　　　　　　Tel. 06-6231-9010 Fax. 06-6233-3111
　　　　〔東京支店〕〒 101-0051 東京都千代田区神田神保町 1-2 田辺ビル
　　　　　　　　　　Tel. 03-6811-0662
印刷所　株式会社太洋社

©2025 MITANI Shun, Printed in Japan
ISBN978-4-422-20480-2 C0036
〔検印廃止〕落丁・乱丁のときはお取り替えいたします。

JCOPY 〈出版者著作権管理機構 委託出版物〉
本書の無断複製は著作権法上での例外を除き禁じられています。
複製される場合は、そのつど事前に、出版者著作権管理機構（電話 03-5244-5088、
FAX 03-5244-5089、e-mail: info@jcopy.or.jp）の許諾を得てください。